APRENDIZAGEM BASEADA EM PROBLEMAS NO ENSINO SUPERIOR

Dados Internacionais de Catalogação na Publicação (CIP)
(Câmara Brasileira do Livro, SP, Brasil)

Aprendizagem baseada em problemas no ensino superior / Ulisses
F. Araújo, Genoveva Sastre (orgs.) – 4. ed. São Paulo : Summus, 2018.

Vários autores
Bibliografia.
ISBN 978-85-323-0532-9

1. Aprendizagem baseada em problemas 2. Ensino superior 3. Inovações educacionais 4. Solução de problemas – Estudo e ensino 5. Universidades e escolas superiores I. Araújo, Ulisses F. II Sastre, Genoveva.

08-12095   CDD-378.17

Índices para catálogo sistemático:

1. Aprendizagem baseada em problemas :
   Ensino superior : Educação   378.17

2. Ensino superior : Aprendizagem baseada
   em problemas : Educação   378.17

Compre em lugar de fotocopiar.
Cada real que você dá por um livro recompensa seus autores
e os convida a produzir mais sobre o tema;
incentiva seus editores a encomendar, traduzir e publicar
outras obras sobre o assunto;
e paga aos livreiros por estocar e levar até você livros
para sua informação e seu entretenimento.
Cada real que você dá pela fotocópia não autorizada de um livro
financia um crime
e ajuda a matar a produção intelectual de seu país.

APRENDIZAGEM BASEADA EM PROBLEMAS NO ENSINO SUPERIOR

ULISSES F. ARAÚJO

GENOVEVA SASTRE

(ORGS.)

summus editorial

APRENDIZAGEM BASEADA EM PROBLEMAS NO ENSINO SUPERIOR
Copyright © 2008, 2009 by autores
Direitos desta edição reservados por Summus Editorial

Editora executiva: **Soraia Bini Cury**
Assistentes editoriais: **Andressa Bezerra e Bibiana Leme**
Tradução dos capítulos 1, 2, 3, 5, 6, 7 e 9: **Camila Bogéa**
Capa: **Gabrielly Silva**
Imagens da capa: acima, **Gokhan Okur/sxc.hu**; centro, **Space cadett/sxc.hu**; abaixo: **Gokhan Okur/sxc.hu**
Projeto gráfico e diagramação: **Acqua Estúdio Gráfico**
Impressão: **Sumago Gráfica Editorial**

Summus Editorial
Departamento editorial:
Rua Itapicuru, 613 – 7º andar
05006-000 – São Paulo – SP
Fone: (11) 3872-3322
Fax: (11) 3872-7476
http://www.summus.com.br
e-mail: summus@summus.com.br

Atendimento ao consumidor:
Summus Editorial
Fone: (11) 3865-9890

Vendas por atacado:
Fone: (11) 3873-8638
Fax: (11) 3873-7085
e-mail: vendas@summus.com.br

Impresso no Brasil

SUMÁRIO

Apresentação

1 **A ABP na teoria e na prática: a experiência de Aalborg na inovação do projeto no ensino universitário** 17
Stig Enemark e Finn Kjaersdam

2 **Perspectiva geral da introdução e implementação de um novo modelo educacional focado na aprendizagem baseada em projetos e problemas** 43
Egon Moesby

3 **A ABP no contexto da Universidade de Maastricht** 79
Annechien Deelman e Babet Hoeberigs

4 **Comunidade, conhecimento e resolução de problemas: o projeto acadêmico da USP Leste** 101
Ulisses F. Araújo e Valéria Amorim Arantes

5 **ABP e medicina – desenvolvimento de alicerces teóricos sólidos e de uma postura profissional de base científica** 123
L. O. Dahle, P. Forsberg, H. Hård af Segerstad, Y. Wyon e M. Hammar

6 **Inovação curricular na Escola Universitária de Enfermagem de Vall d'Hebron, Barcelona: projeto e implementação da ABP** 141

Maria Dolors Bernabeu Tamayo

7 **Aprender com autonomia no ensino superior** 157

Joan Rué

8 **Aprendizagem baseada em problemas e metodologia da problematização: identificando e analisando continuidades e descontinuidades nos processos de ensino-aprendizagem** 177

Isonir da Rosa Decker e Peter A. J. Bouhuijs

9 **A aprendizagem baseada em problemas – o resplendor tão brilhante de outros tempos** 205

Luis A. Branda

APRESENTAÇÃO

ULISSES F. ARAÚJO
GENOVEVA SASTRE

Promover a formação profissional e acadêmica por meio da *aprendizagem baseada em problemas (ABP)* é uma das abordagens inovadoras surgidas nos últimos anos, que vem ocupando espaço cada vez maior em algumas das principais universidades de todo o mundo. Por trás desse movimento está a busca de novos modelos de produção e organização do conhecimento, condizentes com as demandas e necessidades das sociedades contemporâneas e daquilo que vem sendo chamado por muitos de "sociedade do conhecimento".

O sistema universitário não passa incólume pelas transformações sociopolítico-econômicas vivenciadas nas décadas recentes e precisa se "reinventar" para continuar ocupando o papel de destaque que as sociedades lhe destinaram nos últimos trezentos anos. Paradoxalmente, essa "reinvenção" depende tanto da capacidade de continuidade para conservar suas características de excelência e de produtora de conhecimentos como da capacidade de transformação para adaptar-se a novas exigências das sociedades, da cultura, da ciência.

Paralelamente a isso, é patente a pressão que as transformações da ciência e da tecnologia vêm provocando e incitando no universo acadêmico. As tradicionais segmentações em áreas nas disciplinas que, por sua vez, delimitam hoje os tradicionais departamentos universitários, diante das novas redes e interfaces, não mais atendem às necessidades de remapeamento do conhecimento. Os estudos universitários exigem sínteses complexas, com aportes de muitas fontes e culturas acadêmicas para a análise e o desenvolvimento plenos dos novos cursos e das pesquisas científicas.

Todo esse movimento, no entanto, exige uma maior responsabilidade das universidades, que não podem restringir sua missão à formação estritamente profissional e científica de seus estudantes. As sociedades contemporâneas, com suas complexas constituições, diferenças e desigualdades, na luta pela democratização do acesso ao conhecimento, exigem que os privilegiados titulados em cursos superiores assumam suas responsabilidades sociopolíticas como cidadãos aptos a formar opiniões e transformar o mundo com base em dados e informações bem fundamentadas e posturas éticas e responsáveis.

Dois outros fatores, interligados e com amplo e profundo significado, podem ser agregados a essa discussão sobre a "reinvenção" das universidades: a globalização e o desenvolvimento tecnológico. Com a atual facilidade de comunicação provida pela cultura digital, pelas ferramentas tecnológicas, os estudantes dispõem de oportunidades de colaboração para construir, representar e sintetizar a informação em um processo de construção coletiva que difere em muitos aspectos da aquisição de conhecimentos pela cultura impressa, o que amplia a capacidade de metacognição, muitas vezes desconsiderada pelos docentes. Ao mesmo tempo, como consequência não só da tecnologia, mas também de processos geopolíticos, deparamos hoje com tendências de construção de currículos semelhantes e equivalentes, permitindo que os profissionais possam atuar em diferentes contextos com uma base comum. Documentos de organismos internacionais e consórcios de diferentes países, representados na Europa, por exemplo, pela "Carta de Bolonha", consolidam essa tendência e provocam mudanças em sistemas há muito instalados.

Diante desse panorama complexo e multifacetado, é evidente que mudanças são essenciais para manter e consolidar a atuação da universidade na sociedade contemporânea, e muitos estudos, pesquisas e propostas presentes na literatura internacional vêm abrindo inúmeras possibilidades de inovação e "reinvenção".

■ APRESENTAÇÃO ■

Neste livro, optamos por trazer aos leitores a experiência da aprendizagem baseada em problemas. Em suas diferentes variações, as perspectivas da ABP deslocam o aluno para o núcleo do processo educativo, dando a ele autonomia e responsabilidade pela própria aprendizagem, por meio da identificação e análise de problemas; da capacidade de elaborar questões e procurar informações para ampliá--las e respondê-las; e, daí, para recomeçar o ciclo levantando novas questões e novos processos de aprendizagem e problematização da realidade. Por trás de tais processos educativos está a mudança de foco no ensino superior, que deixa de se centrar no ensino e passa a priorizar os processos de aprendizagem.

Outra faceta essencial da ABP está em assumir problematizações concretas e situações reais como pontos de partida para os processos de aprendizagem, o que, além de ser estimulante, contribui para o desenvolvimento da responsabilidade social e fornece uma formação sólida para o exercício profissional.

Assim, entendemos que a adoção da aprendizagem baseada em problemas pelas instituições educativas configura-se como uma ferramenta poderosa para formar profissionais e cientistas nas condições exigidas por sociedades que buscam estruturar-se em torno de conhecimentos sólidos e profundos da realidade, visando a inovação, a transformação da realidade e a construção da justiça social.

A organização do livro

Os nove capítulos que compõem este livro estão divididos em dois grupos temáticos. O primeiro deles apresenta as experiências de diversas universidades com tradição no trabalho com a ABP em sua organização curricular e acadêmica, trazendo a prática e as reflexões de profissionais que atuam nessas instituições. O segundo grupo temático tem três capítulos que buscam assentar as bases da autonomia do estudante nos processos de aprendizagem, promove um debate entre a aprendizagem baseada em problemas e as metodologias de problematização, focando sua introdução no Brasil. Por fim, traz uma visão histórica da implantação da aprendizagem baseada em problemas no mundo universitário, na década de 1960.

O primeiro grupo temático deste livro apresenta experiências internacionais de instituições de ensino e de pesquisa que adotaram a aprendizagem baseada em problemas como referência em sua organização curricular nos mais distintos campos de conhecimento. Como preocupação adotada por todos os autores convidados para esse grupo temático está a tentativa de apontar detalhes práticos sobre como cada uma dessas instituições compreende e trabalha a ABP no currículo e no cotidiano das aulas. Pensamos, com isso, que as diversas experiências podem permitir ao leitor construir uma boa base de conhecimento e compreender melhor o que significa o modelo da ABP no ensino superior, em suas diferentes concepções.

Os capítulos 1 e 2 tratam da mesma experiência, mas com diferentes abordagens: a Universidade de Aalborg, na Dinamarca. O capítulo 1, "A ABP na teoria e na prática: a experiência de Aalborg na inovação do projeto no ensino universitário", escrito pelo atual reitor dessa universidade, Finn Kjaersdan, em parceria com Stig Enemark, traz uma importante introdução sobre as contribuições que a aprendizagem baseada em problemas fornece para a formação dos novos profissionais e para a sociedade contemporânea, além de apresentar as bases teóricas que justificam a adoção desse modelo pela Universidade de Aalborg. Na sequência, os autores buscam demonstrar a prática da ABP em sua instituição, principalmente na área das engenharias, focando aquele que é o grande diferencial da abordagem do projeto acadêmico dessa universidade: a perspectiva de articular a ABP com o trabalho com projetos. Eles discutem o desenho curricular adotado com base no trabalho com projetos, bem como o papel da flexibilidade e adaptação do currículo e dos estudantes na organização do conhecimento, e mostram como o processo de trabalho por meio de projetos permite "aprender pela ação". Por fim, discutem o papel do professor e das avaliações nessa perspectiva, de forma a asse-

■ APRESENTAÇÃO ■

gurar a qualidade na formação dos futuros profissionais e na produção do conhecimento inovador.

O segundo capítulo, escrito por Egon Moesby, também da Universidade de Aalborg, apresenta a experiência de quem é consultor em universidades de várias partes do mundo na implantação de modelos de ABP. Intitulado "Perspectiva geral da introdução e implementação de um novo modelo educacional focado na aprendizagem baseada em projetos e problemas ", o capítulo de Egon Moesby é um excelente relato para professores e gestores de universidades interessados na inovação de seus projetos acadêmicos, de forma a adequá-los à sociedade contemporânea. Egon Moesby apresenta com detalhe quatro fases para a implementação de inovações. A primeira, denominada *investigação*, é composta de uma série de atividades prévias à implantação das mudanças. A segunda fase é a *adoção* do novo modelo, quando se deve formular visões, definir critérios de êxito e de comunicação dos resultados. A fase de *implementação* é a terceira etapa, quando devem ocorrer processos de desenvolvimento do pessoal envolvido e avaliação do programa que está sendo implementado. Por fim, a etapa de *institucionalização*, ou política, quando os alunos, os professores e a organização como um todo estão adaptados às mudanças iniciadas. Além dessas ideias, Egon Moesby apresenta as diferentes formas com que os projetos de trabalho se relacionam com as disciplinas e outros componentes do currículo, mostrando como tais relações ocorrem nas fases citadas anteriormente. Enfim, esse capítulo traz ao leitor interessado em participar de projetos de mudanças no ensino superior, na implantação de metodologias de ABP, informações importantes que devem ajudar a compreender os complexos processos institucionais e acadêmicos.

Annechien Deelman e Babet Hoeberigs escreveram o terceiro capítulo, relatando a história e as experiências da Universidade de Maastricht, na Holanda. Essa instituição, depois de McMaster, é talvez a maior referência internacional na prática e implementação da ABP. Em seu capítulo, depois de historiar o início de Maastricht e os princípios que embasaram o modelo de aprendizagem baseada em problemas nessa universidade (aprendizagem contextualizada, aprendizagem cooperativa e construtivismo), as autoras apresentam experiências de duas faculdades daquela instituição: a Faculdade de Medicina e a Faculdade de Economia e Administração de Empresas. Trazendo a experiência de duas faculdades com características tão distintas, o capítulo mostra a riqueza da ABP e suas inúmeras possibilidades de leitura acadêmica, mesmo em uma mesma instituição. Assim, a ABP vai mostrando sua plasticidade, e a leitura deve ajudar o leitor desses campos de conhecimento a perceber como pode ser trabalhada em contextos acadêmicos diferentes.

O capítulo 4 relata a experiência de três anos da Escola de Artes, Ciências e Humanidades da Universidade de São Paulo (USP Leste), Brasil. Escrito por Ulisses F. Araújo e Valéria Amorim Arantes, coordenadores do ciclo básico dessa instituição, o capítulo chama-se "Comunidade, conhecimento e resolução de problemas: o projeto acadêmico da USP Leste". Os autores contam a história dessa que é a mais nova unidade da Universidade de São Paulo, relatando os princípios de seu ciclo básico, que é comum aos 1.020 alunos que ali ingressam anualmente. O ciclo básico da USP Leste é sustentado por três eixos de formação dos alunos: formação introdutória no campo de conhecimento de cada curso; formação geral; e formação científica por meio da resolução de problemas. Esse último eixo baseia-se em perspectivas de ABP e, por isso, a maior parte do capítulo descreve a abordagem original que a instituição faz desse enfoque de problematização e a maneira com que os alunos de dez cursos distintos, de todas as áreas do conhecimento, lidam com a ABP no cotidiano escolar. Por fim, os autores ressaltam como sua perspectiva busca integrar universidade e comunidade e vincular a resolução de problemas a temáticas de cidadania.

O quinto capítulo traz a perspectiva da Faculdade de Medicina da Universidade de Linköping, da Suécia, e como ali a aprendizagem baseada em problemas é aplicada visando a uma sólida formação teórica e científica dos alunos. Os autores, depois de contarem como se apropriam dos princípios da ABP, tecem comparações dessa metodologia com outros processos acadêmico-científicos de formação de profissionais de medicina e trazem dados de pesquisas demonstrando como a perspectiva adotada em Linköping leva os alunos a buscar uma formação mais profunda dos conhecimentos abordados. O eixo de seu currículo é a articulação entre teoria e prática, entre conhecimentos básicos e conhecimentos aplicados, por meio de problematizações que solicitam de alunos e professores a integração de diferentes tipos de conhecimento para compreender um fenômeno real. Uma parte importante da formação é realizada com o desenvolvimento de pesquisas, chamadas "projetos de estudo profundos", quando os alunos devem dedicar sua energia e seu tempo a pesquisas clínicas, que são concluídas com a escrita de um artigo a ser encaminhado para revistas científicas. Enfim, os autores apresentam dados que demonstram o êxito do modelo de Linköping na formação médica.

Por fim, chegamos ao sexto capítulo deste livro e último desse grupo temático, no qual a autora Maria Dolors Bernabeu Tamayo, da Escola de Enfermagem Vall d'Hebron, de Barcelona, descreve os processos de mudança curricular implementados pela instituição nos últimos anos, que culminaram em um currículo totalmente baseado na aprendizagem baseada em problemas. Trabalhando com problematizações feitas por meio de "cenários" baseados em situações reais, a implantação das mudanças curriculares iniciou-se em 2001 com a decisão de inovar o currículo de formação de enfermeiras. O capítulo se desenvolve respondendo a quatro problemas centrais: 1) as origens: "Como iniciamos a inovação?"; 2) natureza das mudanças: "Como se caracterizou o processo?"; 3) níveis de mudanças na inovação: "O que representa cada um?"; 4) a gradação das mudanças estratégicas: "Em que fase de desenvolvimento nos encontramos?" Dessa forma, a autora traz uma descrição detalhada dos desafios que essa instituição enfrentou ao mudar um currículo tradicional para outro que trabalha exclusivamente com a aprendizagem baseada em problemas. As angustias docentes, as decisões políticas e a crença no rumo acertado das mudanças são tratadas nesse capítulo.

O capítulo "Aprender com autonomia no ensino superior" foi escrito por Joan Rué, professor da Universidade Autônoma de Barcelona, e abre o segundo grupo temático deste livro. O autor discute o papel da autonomia na aprendizagem, seu papel na transição entre a sociedade industrial e a sociedade do conhecimento, e faz a distinção entre três grandes enfoques de abordagem do conceito de autonomia: técnico, cognitivo e político. Apesar das diferenças, aponta que todos os enfoques coincidem no princípio de que a autonomia deve buscar o desenvolvimento da própria capacidade de pensar e de agir de forma não fragmentada. Além de abordar a autonomia como uma competência pessoal, o autor traz ao leitor informações sobre como ela favorece a aprendizagem profunda de conhecimentos, em contraposição a aprendizagens superficiais. Tais ideias fornecem, também, uma boa base conceitual para a introdução do trabalho com a aprendizagem baseada em problemas nos currículos universitários, por estarem centrados nos processos de autonomia na aprendizagem.

Uma segunda discussão conceitual é trazida no capítulo seguinte, escrito pelos professores Peter Bouhuijs e Isonir Decker: a distinção entre a aprendizagem baseada em problemas (ABP) e a metodologia de problematização. No capítulo, os autores estabelecem um diálogo entre suas experiências na Holanda, na África do Sul e no Brasil, buscando mostrar ao leitor as semelhanças e as diferenças entre essas duas concepções de enfoques de problematização no ensino superior e apontando suas bases teóricas e históricas. O trabalho em pequenos grupos e a análise inicial de uma situação que conduz ao estudo de um problema são exemplos de semelhanças entre as duas metodologias. Abordando as diferenças, mostram como na metodologia da problematização o aluno só inicia o processo de construção de hipóteses para solução do problema após a aquisição dos novos conhecimentos ou informações, não sendo estimulado no início do processo a buscar soluções próprias. Já na ABP, ao contrário, as

■ APRESENTAÇÃO ■

tomadas de decisão do aluno na fase inicial do processo são parte essencial do desenvolvimento do trabalho. Enfim, é um capítulo rico para se compreender diferentes formas de se trabalhar os enfoques de problematização no cotidiano das universidades.

Fecha o livro o capítulo "A aprendizagem baseada em problemas – o resplendor tão brilhante de outros tempos", escrito pelo professor Luis A. Branda, que compôs o grupo inicial que implantou as propostas de *problem-based learning* [aprendizagem baseada em problemas] naquela que é considerada a precursora na perspectiva moderna de ABP: a McMaster University (Canadá). Em seu capítulo, empregando uma linguagem às vezes poética outras vezes crítica, o autor apresenta um pouco dessa história recente, os princípios, desafios, dilemas e atores principais. Ao mesmo tempo, aproveita para mostrar aos leitores reflexões e aprendizagens sobre mais de quarenta anos de experiência, apontando caminhos que podem ser seguidos por quem se inicia no trabalho e implantação da ABP nos dias atuais.

A obra *Aprendizagem baseada em problemas no ensino superior* e as ideias e experiências relatadas em seus nove capítulos devem fornecer uma excelente base conceitual e prática para todos os interessados nessa perspectiva acadêmica que vem inovando o ensino superior nas últimas décadas. Os nove trabalhos apresentados são resultantes de um movimento internacional que começa a se consolidar no ensino superior em todo o mundo, e estamos certos de que o leitor se beneficiará dos princípios aqui discutidos como ponto de partida para promover mudanças em suas práticas educativas e nas instituições em que atua.

Fica o convite para uma instigante leitura e para reflexões críticas sobre a aprendizagem baseada em problemas e os processos de aprendizagem no ensino superior.

1 A ABP NA TEORIA E NA PRÁTICA: A EXPERIÊNCIA DE AALBORG NA INOVAÇÃO DO PROJETO NO ENSINO UNIVERSITÁRIO

STIG ENEMARK E FINN KJAERSDAM
Universidade de Aalborg, Dinamarca

Introdução

"Aprendizagem baseada em problemas" é uma expressão que abrange diferentes enfoques do ensino e da aprendizagem. Ela pode se referir a conceitos didáticos baseados somente na resolução de problemas ou a conceitos que combinem os cursos tradicionais com resolução de problemas por meio do trabalho com projetos. Ambos têm em comum o foco no processo de aprendizagem do estudante.

O sistema de ensino da Universidade de Aalborg caracteriza-se por adotar um modelo acadêmico baseado simultaneamente em projetos e problemas. Desenvolvido para garantir uma relação dialética entre a teoria acadêmica e a prática profissional, esse sistema foi colocado em prática pela universidade em 1974, ano de sua fundação. Hoje, a Universidade de Aalborg é uma instituição consolidada, de porte médio, com cerca de treze mil alunos divididos em três faculdades: Engenharia e Ciências, Ciências Sociais e Humanidades. Assim, a Universidade de Aalborg acumula mais de trinta anos de experiência em trabalho com projetos baseados em problemas em todos os seus cursos. A globalização e a sociedade do conhecimento exigem novas soluções para o ensino universitário. Requerem um diálogo maduro entre o ensino, a empresa e a sociedade; entre o ensino e a pesquisa; e entre esta e a empresa. Tal realidade é denominada "hélice tripla". A experiência da Aalborg mostra como uma universidade pode desenvolver-se com base nessa "hélice tripla". Pelo conceito de ABP, os alunos trabalham com problemas reais que vão surgindo no âmbito empresarial, nas instituições, nas ONGs ou na sociedade civil, e tentam solucioná-los com projetos em grupo e modernas tecnologias, sob a supervisão de um professor da área de pesquisa.

A ABP favorece a integração entre a universidade e a empresa. Os estudantes trazem para a universidade os problemas não resolvidos de diversas profissões, e aprendem a resolver problemas reais de sua profissão. Paralelamente, seu supervisor mantém contato com a empresa e seus problemas.

A ABP favorece a integração entre o ensino e a pesquisa. Os professores, ao supervisionar grupos com projetos de problemas não resolvidos, aplicam os resultados de ponta dos estudos mais relevantes.

A ABP favorece, também, a integração entre a pesquisa e a empresa. Os grandes problemas empresariais e sociais são analisados na universidade, onde se buscarão novas soluções, para apresentá-las ao mundo corporativo.

A ABP favorece soluções interdisciplinares. Ao trabalhar com problemas complexos, ainda sem solução, do mundo real, os estudantes têm de aprender a relacionar conhecimentos de diferentes áreas, já que os problemas da vida real não apresentam a divisão acadêmica em matérias e disciplinas. Para isso, os alunos recebem ferramentas para lidar com diferentes paradigmas científicos, conhecimentos tácitos e soluções éticas e aceitáveis e usam conhecimentos de diversas disciplinas.

A ABP requer os conceitos mais atuais. Os professores já não precisam decidir o que os alunos devem aprender. Os problemas reais os orientam na busca de novos conhecimentos que levem à resolução do problema, seja pela internet, pela biblioteca ou em reuniões com especialistas, sob a supervisão de um pesquisador experiente. Os problemas do mundo real levam professores e alunos a descobrir novos conhecimentos.

A ABP atualiza os professores. A tarefa de orientar também requer que o docente atualize seus conhecimentos, visto que os alunos exigem sua supervisão rigorosa e respostas às perguntas sobre novas teorias que encontram na internet ou àquelas sobre um possível estudo que venham a realizar. Na aprendizagem baseada em problemas, nunca se sabe quais serão as perguntas dos alunos, mas todas elas obrigam o professor a estar atualizado.

A ABP favorece a criatividade e a inovação. O trabalho com projeto, que se inicia com problemas não solucionados e se desenvolve em pequenos grupos, exige do aluno o contato com outras ideias e pessoas para encontrar soluções criativas e inovadoras, sem nenhum manual nem tradição que sirva de guia.

A ABP favorece as habilidades em desenvolvimento de projetos. Com a experiência adquirida em diversos projetos ao longo da vida acadêmica, os estudantes aprendem a criá-los e estruturá-los – desde a definição do problema, as análises, as teorias, os experimentos, as sínteses, as soluções possíveis e as aceitáveis, até as conclusões, a avaliação e as consequências. Aprendem também a expor o processo e os resultados no momento certo, com relatórios ou artigos científicos sobre o trabalho realizado.

A ABP favorece as habilidades de comunicação. Quando participa do desenvolvimento de um projeto, o aluno aprende a comunicar suas ideias, experiências e seus valores aos colegas, ao debater o conteúdo no grupo; ao professor, quando o grupo discute o projeto com o supervisor; e a um público determinado, quando expõe o trabalho, seus problemas e soluções a uma banca examinadora.

A ABP favorece o aprendizado eficaz. O grupo do projeto também é um grupo de estudo eficiente, na medida em que a intercomunicação de seus membros favorece a transferência de conhecimento entre eles. Por estarem no mesmo nível de formação, explicam melhor entre si as teorias que venham a descobrir. Além disso, ao expor a teoria a outro participante do grupo, é comum que o aluno a compreenda melhor. O grupo do projeto funciona também na lógica do "um por todos e todos por um", com cada aluno interessado em que os outros colegas apresentem novos conhecimentos. A *ABP cria um entorno social*. Os grupos de projeto, que têm sala própria, criam um melhor entorno social no campus. Contar com um grupo básico com que falar e criar vínculos dentro e fora da universidade torna a vida acadêmica dos estudantes mais rica. Para as instituições que não dispõem de moradia de estudantes, essa realidade pode ser um modo de dar vida ao campus.

Estrutura do capítulo

Nas seções seguintes, exporemos a teoria da ABP, incluindo um modelo de correlação entre ensino, pesquisa e profissão e o modelo de produção de novos conhecimentos com base em problemas já existentes. Em seguida, explicaremos como se pratica a ABP na Universidade de Aalborg e falaremos dos programas, do currículo, dos cursos e do trabalho de projeto, das avaliações e da função inconfundível do professor. Uma seção mostrará a direção que os estudos têm tomado e a garantia de qualidade dos programas. Por último, apresentaremos as lições aprendidas com a aplicação da ABP por mais de trinta anos em todas as disciplinas da Universidade de Aalborg.

A teoria da ABP

O sucesso de um sistema educacional depende de uma forte interação entre ensino, pesquisa e prática profissional. Os problemas que surgem nesta última resultam na melhor orientação para o processo de aprendizagem, pois congregam a prática, a pesquisa científica e o ensino.

A prática seria o campo de atuação e atividades de pessoas com formação acadêmica, um engenheiro civil por exemplo. Em uma sociedade cada vez mais complexa, enfrentamos constantemente novos problemas e desafios. Os meios tradicionais de enfrentá-los são a formação continuada, os seminários profissionais, a publicação de artigos, etc. No entanto, esse processo é lento. Provavelmente, quando se encontrarem as respostas, os problemas já não serão relevantes e a sociedade já terá proposto novas questões, que exijam novas soluções. Já não se buscam respostas aos desafios apenas na própria profissão.

Para progredir, pesquisa e ensino precisam inserir-se no processo de desenvolvimento, em uma interação dinâmica, como mostra a figura 1. É necessário pesquisar para elaborar respostas teóricas, e relacioná-las com o ato de ensinar, para formar graduados universitários que encontrem soluções práticas ao aplicar novos conhecimentos e habilidades para abordar novos problemas – e os que ainda venham a surgir.

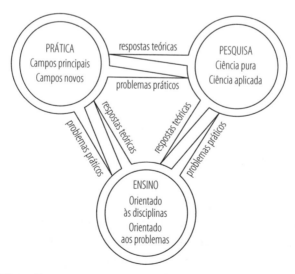

| Figura 1 | Interação entre ensino, pesquisa e prática profissional (Kjaersdam e Enemark, 1994).

Resolução de problemas e ciência aplicada

Os problemas em que a ciência aplicada pode intervir são aqueles do "mundo real". Por sua natureza, ela se dirige a problemas. O processo científico desse tipo de pesquisa aparece na figura 2. A língua, a cultura, a prática profissional e o modo de vida encerram impressões, pressupostos e teorias que baseiam nossa busca de uma percepção consciente e nos guiam na vida profissional. Mas não raro encontramos situações em que aquelas não se ajustam e, então, surgem, os problemas práticos.

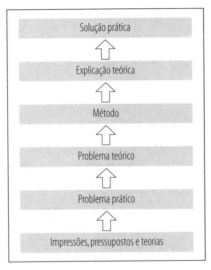

| Figura 2 | Modelo para pesquisa dirigida a problemas.

O problema prático pode ser sintoma de alguma falha em nossas teorias e suposições. Esse problema, por sua vez, gera outro problema teórico: o da razão de que existia um problema prático. A solução para um problema teórico é uma teoria nova que o explique. Se a explicação teórica das causas do problema teórico o resolve, existem provas sólidas de que a teoria é válida. O que se descreve é a correlação dinâmica entre a prática e a pesquisa, em que a primeira gera problemas práticos (entre outras coisas); e a segunda, possibilidades e respostas teóricas ao elaborar novos conhecimentos.

Em princípio, a ciência aplicada limita-se a abordar problemas práticos, mais além do mundo científico; pode aplicar qualquer teoria ou método que solucione um problema. A ciência pura, ao contrário, inspira-se nas limitações do paradigma na escolha da teoria e dos métodos a ser utilizados. Dessa correlação dialética entre a ciência aplicada e a ciência pura surge o progresso científico.

A correlação científica produz novos paradigmas, novas explicações teóricas e soluções práticas. Alcançar essa inovação costuma levar muito tempo. Por conseguinte, para formar graduados universitários bem qualificados e com suficiente experiência para enfrentar os problemas do futuro, é preciso um corpo docente de pesquisadores ativos. Isso remete à necessidade de integrar ensino, pesquisa científica e prática profissional, o que exige um currículo adaptável internamente, de maneira inovadora. Tal adaptação deve ser rápida, para lidar com problemas profissionais e suas consequências imediatas para a sociedade.

A inovação educativa

O ensino superior tradicional concentrou-se em disciplinas baseadas em normas com identidades independentes em seus contextos. No ensino orientado às disciplinas, as matérias e teorias especiais consideradas importantes e necessárias para as disciplinas concretas são ensinadas com livros didáticos e seus cursos correspondentes. Os alunos tornam-se especialistas no uso dessas disciplinas e teorias graças aos exercícios e estudos de caso que as reforçam. O objetivo é adquirir conhecimentos específicos em determinados campos e obter soluções padronizadas para problemas padronizados. Esse sistema funciona relativamente bem em sociedades estáveis, nas quais as funções e tarefas individuais são razoavelmente uniformizadas.

Contudo, o ensino baseado em problemas trabalha questões relevantes, atuais, para as quais a sociedade, as empresas ou a vida real ainda não encontraram solução. Ao analisar mais profundamente essas questões, os alunos aprendem e utilizam as disciplinas e teorias consideradas necessárias à resolução de determinado problema, isto é, os problemas definem as disciplinas e vice-versa. O ensino baseado em problemas mediante a realização de um projeto permite que os grupos escolham os problemas com os quais desejam trabalhar e tentem analisá-los e resolvê-los. Com o trabalho com projetos, os estudantes deveriam adquirir os conhecimentos básicos necessários por meio de bibliografia e cursos correspondentes e, simultaneamente, desenvolver a capacidade de formular, analisar e solucionar questões relevantes. De maneira geral, isso garante que os graduados sejam capazes também de resolver no futuro problemas nunca vistos.

Assim, é possível inovar na educação quando se toma consciência de que a dialética entre o ensino baseado em disciplinas e aquele baseado em problemas é necessária. As disciplinas e suas teorias correspondentes são imprescindíveis para uma sólida base acadêmica e profissional. Por outro lado, o projeto baseado em problemas é essencial para se compreender a interdisciplinaridade dos problemas da empresa, da sociedade e da vida real e possibilitar aos graduados universitários lidar com problemas ainda não conhecidos do futuro. O objetivo é um estudo amplo e uma compreensão das conexões existentes entre os diferentes campos e habilidades para, assim, poder atuar em uma sociedade cada vez mais complexa e em constante mudança.

A prática da ABP

No futuro, a mudança será uma variável constante, e esse será um dos principais desafios. Para enfrentá-lo, a base educacional deve ser flexível. Graduados universitários devem ter as habilidades necessárias para adaptar-se a um mercado de trabalho que muda rapidamente e lidar com os problemas que ainda estão por vir.

A questão de base é que as habilidades profissionais e técnicas podem ser adquiridas e atualizadas após a formação profissional, mas as teóricas, que ensinam a resolver problemas e aprender a aprender, só se conseguem no processo de formação acadêmica. Nesse sentido, há de se compreender que o diploma universitário não é um fim, mas o primeiro passo de um processo de educação que se estende por toda a vida.

Calcula-se que os estudantes retêm apenas 10% do que leem e 20% do que ouvem (Coleman, 1998). Porém, quando se simula um problema, pode-se reter até 90% do que se aprendeu. Essa é uma das principais concepções pedagógicas da aprendizagem, seja por meio de projetos, seja com trabalhos baseados em problemas, uma vez que o foco está no aprendizado, não no ensino. Aprender não é como encher um copo com água, é um processo ativo de pesquisa e criação baseado no interesse, na curiosidade e experiência do aprendiz e deve traduzir-se em ideias, conhecimentos e habilidades mais abrangentes.

Princípios básicos do ensino organizado em projetos e baseado em problemas

"Organizado em projetos" significa que o currículo é dado no trabalho com projetos, com o complemento de cursos teóricos, e não o contrário, com o ensino organizado em cursos teóricos e a prática como atividade complementar. A ideia de organização em projetos afasta a perspectiva da descrição e análise dos conhecimentos e a situa na síntese e na avaliação. O conceito baseia-se na interação dialética das disciplinas dos cursos tradicionais e dos problemas abordados no projeto. A cada trimestre é apresentada uma estrutura básica composta a princípio por uma distribuição igualitária de cursos e projetos. No começo do trimestre, predominam os cursos, e no final, os trabalhos com projetos, desenvolvidos por grupos de quatro ou seis alunos e um professor supervisor ou professor-tutor.

"Baseado em problemas" significa que conhecimentos de livros didáticos tradicionais são substituídos por conhecimentos necessários à resolução de problemas teóricos. O conceito educativo de aprendizagem baseada em problemas afasta a perspectiva da compreensão de conceitos comuns e a situa na capacidade de desenvolver novos conhecimentos. O objetivo do trabalho com projeto é "aprender a fazer" ou "aprender na ação". O projeto pode ser organizado com a perspectiva do *saber como* para alcançar a formação nas habilidades profissionais, ou mesmo com a perspectiva do *saber por que* para a aquisição de habilidades metodológicas de análise e aplicação de problemas.

Um antigo provérbio chinês expressa em poucas palavras a diferença entre o ensino baseado na disciplina tradicional e o modelo didático baseado em projetos:

Diga-me e esquecerei.
Mostre-me e recordarei.
Envolva-me e compreenderei.
Retire-se e atuarei.

O currículo

Para que o trabalho com projeto seja o elemento educativo básico, o currículo deve ser organizado em disciplinas ou "temas" gerais, que tomam normalmente um semestre. Os temas escolhidos em um programa precisam ser genéricos, de forma que a sua soma represente o objetivo geral ou perfil profissional do currículo. Os temas devem oferecer o estudo dos elementos nucleares das disciplinas incluídas (nos cursos correspondentes) e explorar (mediante projetos) a aplicação dessas disciplinas na prática profissional. O currículo para a formação de topógrafos (ver a figura 3) ilustra a escolha de temas e explica a adaptabilidade do modelo educacional.

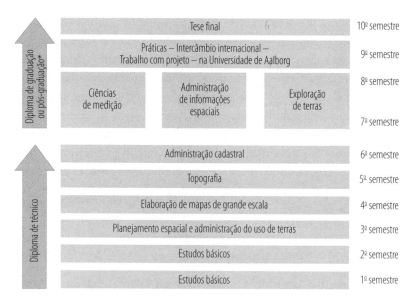

| Figura 3 | Currículo para a formação de topógrafos.

A *primeira fase* do currículo – primeiro e segundo semestres – consta de um curso de estudos introdutórios de engenharia. Esse ciclo inclui matérias de fundamentos científicos (matemática, informática etc.) e outras, mais genéricas, ligadas ao âmbito profissional, e prepara o aluno para o projeto baseado em problemas.

A *segunda fase* – estudos técnicos, do terceiro ao sexto semestres – abrange dois anos de estudo das principais áreas de topografia. Os conhecimentos necessários são ensinados com aulas; e as habilidades profissionais, com o trabalho com projeto ou com o desenvolvimento do projeto. O enfoque dessa fase é o *saber como*.

---

* Em vários países da Europa, o ensino superior é dividido em dois ciclos: o primeiro, ao final do qual o aluno recebe o grau de diplomado (semelhante às graduações de curta duração, ou de nível técnico); e o segundo, que dá ao aluno (após concluir este e o primeiro ciclo) o diploma de licenciado, equivalente no Brasil ao diploma de bacharel. [N. T.]

Na *terceira fase* – estudos de graduação ou pós-graduação, do sétimo ao nono semestres – o currículo possibilita ao aluno especializar-se. Essa fase, mais científica, enfoca o *saber por que*. Os temas contêm a teoria necessária às áreas profissionais específicas e ao domínio da metodologia de análise e aplicação do problema. No nono semestre, são oferecidos estágios, intercâmbio internacional ou experiência em pesquisa.

Na *quarta fase* – décimo semestre – deve-se elaborar um trabalho de conclusão de curso de graduação, um trabalho com projeto que aborde algum problema relevante escolhido pelo aluno. O propósito da graduação é demonstrar a capacidade profissional, teórica e metodológica do formando.

Flexibilidade e adaptabilidade

Três pontos explicam a flexibilidade e a adaptabilidade da estrutura desse sistema educacional:

1. Adaptabilidade dos *temas individuais*. O foco dos conteúdos apresentados nas disciplinas e trabalhados durante o desenvolvimento dos projetos é facilmente atualizado ou alterado para que possa refletir as inovações técnicas e as mudanças nas profissões e nos valores. As disciplinas e os conteúdos dos cursos são preparados antes que o semestre se inicie, para garantir a inclusão de temas próprios da prática profissional.
2. Adaptabilidade de *todo o currículo*. O objetivo dos temas pode mudar ou ajustar-se com facilidade, conforme as exigências da prática profissional e dos avanços tecnológicos.
3. Adaptabilidade dos *graduados*. Todos eles deverão se especializar em uma das três áreas principais (ciência das medições, gestão de informação espacial, exploração de terras), mas também serão capazes de compreender e adaptar as interações entre elas, graças aos conhecimentos básicos assimilados na segunda fase do curso e às habilidades metodológicas adquiridas no projeto.

Com esse modelo didático, embora os novos bacharéis tenham menos experiência na resolução-padrão de problemas cotidianos do trabalho, espera-se deles que estejam prontos para tarefas mais complexas, para combinar ideias de diferentes campos, analisar problemas novos e familiarizar-se com questões inéditas que surjam na prática. O objetivo é que compreendam os vínculos entre diferentes áreas e saibam atuar em uma sociedade cada vez mais complexa. Assim, pode-se presumir que os novos profissionais estarão qualificados para resolver também os problemas do futuro.

A preparação dos temas

Cada semestre tem uma estrutura básica, a princípio organizada homogeneamente entre aulas, concentradas no período inicial do curso, e projetos, realizados na parte final. A figura 4 mostra essa distribuição ao longo de um semestre.

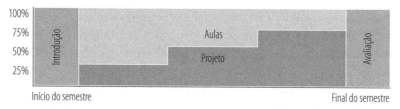

| **Figura 4** | Distribuição de aulas e do trabalho com projeto durante um semestre.

Todas as disciplinas se dividem em cinco aulas, com duração de meio dia cada uma, ou seja, a unidade pedagógica mínima é de meia jornada, de manhã ou à tarde. Isso garante o tempo necessário à assimilação da disciplina e à criação de um vínculo consistente entre as aulas e o projeto.

Existem dois tipos de disciplinas: as relacionadas com o currículo e as relacionadas com o projeto. As primeiras ensinam conhecimentos científicos genéricos, básicos para a profissão, enquanto as últimas abordam conteúdos teóricos e práticos. Na graduação predomina o enfoque profissional, enquanto no bacharelado ou pós-graduação prevalece o enfoque científico e teórico. Os projetos representam 50% do currículo. O restante se divide igualitariamente entre as disciplinas relacionadas com o projeto e aquelas relacionadas com o currículo.

O objetivo do projeto é "aprender a fazer", "aprender na ação". As habilidades profissionais são determinadas durante o trabalho de projeto baseado em disciplinas, que prevalece entre o terceiro e o sexto semestres. O conhecimento profissional e as habilidades metodológicas são adquiridos durante o projeto baseado em problemas, entre o sétimo e o décimo semestres, quando se pratica a pesquisa individual sobre uma base interdisciplinar. Também se desenvolve a capacidade de expor conclusões independentes e de concluir o projeto dentro do prazo estabelecido. Nessa fase, o trabalho no projeto é semelhante ao de resolução de problemas na prática.

Normalmente esse projeto leva um trimestre, começando com a apresentação do tema nas aulas e nos debates. A título de exemplo, podem se apresentar projetos realizados em semestres anteriores, para fomentar a sugestão de novas disciplinas, segundo o interesse profissional dos estudantes. Posteriormente, formam-se grupos preliminares para definir as possíveis disciplinas para o trabalho com projeto, a ser dadas em seções plenárias periódicas, nas três primeiras semanas do semestre, e cristalizadas com debates e avaliação entre alunos e orientadores.

Após esse período introdutório, conclui-se o processo de formação dos grupos para o projeto. Ao contrário do que parece, não é um processo difícil, pois os estudantes costumam encontrar as soluções mais convenientes às suas preferências profissionais e pessoais. Nesse sentido, vale ressaltar que os alunos compartilharão o entusiasmo e a responsabilidade de encontrar soluções que satisfaçam a todos no final do trimestre. Os grupos serão de aproximadamente quatro alunos, mas podem ser menores e até individuais, mas isso seria uma exceção decorrente da limitação de recursos para supervisão. Para realizar o trabalho com projeto, o mais habitual é que cada grupo tenha a própria sala ou a divida com outro.

Os professores que atuarão como tutores são escolhidos antes que o trimestre se inicie, segundo seus interesses e habilidades profissionais, e distribuídos entre os grupos durante a escolha das disciplinas e formação das equipes de projeto. Nessa etapa, o interesse profissional e pessoal dos alunos pode ser levado em consideração na escolha dos tutores, mas a decisão final é dos professores.

O processo do trabalho com projeto

Há dois tipos de trabalho de projeto: baseado em disciplinas ou baseado em problemas.

O primeiro normalmente é voltado para o ensino dos conhecimentos e habilidades necessários e contidos nas disciplinas oferecidas em aulas dos diferentes cursos. Consequentemente, o processo e os conteúdos do trabalho com projeto se organizarão previamente, de acordo com critérios fixos. Enfocado no "aprender a fazer", o trabalho com projeto é apresentado em um relatório final, em que os grupos expõem os resultados e os métodos utilizados.

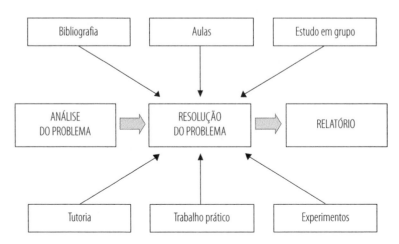

| **Figura 5** | Princípios do trabalho com projeto baseado em problemas.

O trabalho com projeto *baseado em problemas* é realizado no final do curso, entre o sétimo e o décimo semestres, para assegurar o conhecimento profissional e científico das áreas de estudo que os alunos escolheram. Aqui, o projeto consiste em analisar e dar tratamento a um problema. A dimensão cognitiva gera perguntas do tipo "por quê?", "como?", "o que significa?" Parte-se de problemas cuja natureza determinará a escolha das disciplinas, teorias e métodos para analisá-los e resolvê-los.

O processo é controlado principalmente pelos estudantes. O professor supervisiona a escolha das teorias e dos métodos, e a avaliação final do trimestre avalia o produto do trabalho, cujos passos em geral são:

Análise do problema. Aqui se expõe, explica-se e avalia-se o problema em um contexto amplo. Determina-se sua relevância e criam-se estratégias que ofereçam soluções padronizadas. Aqui, deve-se formular o problema. Nessa fase, o projeto se concentra principalmente em debates, estudos e definição de bibliografia. Talvez também em entrevistas com pessoas relevantes que confirmem a importância e a realidade do problema proposto.

Resolução do problema. Definem-se critérios de avaliação com base em teorias científicas significativas e se avaliam possíveis formas de resolver o problema, cuja natureza e complexidade talvez determinem a necessidade de desenvolver as teorias já existentes ou formular outras novas. O problema pode se dividir em temas parciais, analisados um a um e detalhadamente, por métodos científicos importantes. Nesse ponto, cabe ao professor-tutor guiar a escolha dos métodos, como o faz nos processos de pesquisa. É provável que o problema exija uma pesquisa empírica quantitativa ou qualitativa, estudos de caso, análise lógica, definição de conceitos etc. O importante é que a escolha dos métodos possa ser aceita e explicada pela natureza do problema. Os resultados da pesquisa são avaliados em comparação com as consequências e, novamente, com o próprio problema. Nessa fase o trabalho com projeto se caracteriza pela assimilação das capacidades profissionais, por meio de aulas, análises metódicas, pesquisas, trabalho de campo etc.

O *relatório*. Aqui, o grupo deve revisar o projeto, tirar conclusões e finalizar a documentação utilizada. O relatório representará o que foi estudado, demonstrará os conhecimentos adquiridos e como são produzidos. Nessa etapa final, um dos maiores objetivos é cumprir o prazo estabelecido, tal como ocorre na prática profissional.

Tendo o trabalho com projeto baseado em problemas como ferramenta básica do processo de aprendizagem, os trabalhos finais do trimestre são como uma tese de nível ainda mais avançado.

Avaliação

A qualidade profissional e acadêmica pode ser garantida por um sistema de avaliação externo ao final de cada semestre. Tal avaliação está centrada na apreciação de um projeto, de cinquenta a cem páginas, que é apresentado pelo grupo duas semanas antes de ser avaliado, quando cada membro do grupo faz uma exposição individual do projeto, seguida de um debate e da defesa de suas ideias. A avaliação, que dura cerca de meio dia, é dirigida pelo professor-tutor. Estará presente um avaliador externo, da área profissional ou acadêmica, que atua em todos os exames importantes, incluídos os trabalhos de fim de curso de graduação e bacharelado. Os demais avaliadores são escolhidos entre os membros do corpo docente.

A finalidade da exposição e do debate é avaliar os conhecimentos do aluno, sua capacidade profissional e suas habilidades científicas e metodológicas. A avaliação também inclui o conteúdo das disciplinas dadas no semestre, relativas ao projeto. Cada aluno recebe uma avaliação individual.

A avaliação das disciplinas do currículo é feita no final do semestre. A avaliação é semelhante às aplicadas nas universidades tradicionais, onde os alunos são avaliados como "aprovados" ou "reprovados".

Os estudantes controlam o processo do trabalho com o projeto e a seleção das teorias e dos métodos, mas não intervêm nos critérios das avaliações, tampouco em seu nível de exigência. É possível que essa definição, assim como comunicá-la previamente aos alunos, seja mais difícil que nos processos de aprendizagem tradicionais, nos quais se trabalha com modelos de solução para problemas padronizados retirados de livros didáticos. Por outro lado, a documentação dos conhecimentos assimilados é muito melhor. No modelo organizado em projetos, todas as qualificações do diploma são documentadas com relatórios que as empresas podem avaliar.

O papel do professor

Tirar o foco do ensino e colocá-lo na aprendizagem modifica o *papel do docente, que passa de transmissor de conhecimentos a facilitador do processo de aprendizagem*. Trabalhar com o projeto tem um elemento pedagógico. Todos os alunos têm de saber explicar os resultados de seus estudos e pesquisas aos colegas do grupo. Essa exigência talvez indique a aquisição dos conhecimentos profissionais e teóricos, *o que só acontece quando o aluno é capaz de explicá-los aos demais*. No ensino tradicional, os alunos normalmente se limitam a memorizar o que o professor ensinou. No modelo organizado em projetos, os conhecimentos são avaliados por meio de pesquisas e debates em grupo e, principalmente, sem a presença do professor.

O docente deve enfrentar certas exigências desse modelo educativo organizado em projetos. As habilidades pedagógicas para dirigir o trabalho de projeto, assim como aquelas necessárias à coordenação do uso de teorias e métodos científicos na análise de problemas, são fundamentais. O professor tem a responsabilidade de orientar os estudantes para que concluam o desenvolvimento do projeto dentro do prazo e o defendam conforme os requisitos científicos e metodológicos. Espera-se que esse professor tenha uma vasta experiência profissional. Caso isso não aconteça, deve-se contar com um segundo professor, escolhido como vice-tutor profissional. Em geral, o professor desce do púlpito e abre mão do papel de líder para atuar como orientador, lado a lado com os alunos.

Ele precisa estar preparado para mudar constantemente o conteúdo das disciplinas, ou criar outras novas, segundo as exigências da profissão, os resultados das últimas pesquisas e os novos problemas da sociedade. Essa necessidade deve ser entendida mais como desafio do que como problema. Contudo, por se tratar de um método que requer grande preparo do professor, os recursos limitados da universidade podem ser uma dificuldade.

O trabalho com projeto dos alunos motiva os professores para a investigação científica. Nesse trabalho, os problemas e a escolha das teorias e métodos são debatidos com o orientador. Muitos problemas essenciais podem ser definidos no trabalho com o projeto, e o docente pode aprofundá-los em suas pesquisas. Além disso, é possível que os alunos escolham um tema que já seja objeto de estudo de algum professor. Eles podem fazer análises parciais, teórica ou empiricamente, e contribuir com o desenvolvimento de conceitos, em uma rica cooperação com o orientador. Essa interação de ensino e pesquisa possibilita a dinâmica necessária à condução de um ensino inovador.

Garantia de qualidade

A garantia de qualidade se refere ao grau de satisfação de uma instituição em relação à sua capacidade de melhorar os níveis e a qualidade de sua oferta educacional. Um aspecto importante é o contexto cultural da universidade – de fomentar ou suprimir as boas iniciativas que surjam.

Sistema de gestão da qualidade. Desenvolvimento dos currículos

Os programas educativos de cada faculdade estão organizados em uma série de escolas como, a Escola de Estudo e Planejamento. O coordenador de cada escola é responsável, perante o diretor, pela gestão de qualidade geral dos programas. O diretor se responsabiliza pela gestão de qualidade de toda a faculdade. Cada escola é dirigida por um conselho de estudos, normalmente formado por cinco membros docentes e cinco alunos, sob a presidência do coordenador. Todos os membros do conselho são eleitos democraticamente. Os representantes dos professores elegem-se para três anos, e dos alunos, para um. O conselho é responsável pelos conteúdos, qualidade do currículo, gestão de recursos, análise e adaptação constantes do programa.

É preciso salientar que a Dinamarca não tem um sistema de homologação que deva ser aprovado por entidades externas para ser posto em prática, como ocorre no Reino Unido. O conteúdo dos programas compete à faculdade, que se baseia em diretrizes do Ministério da Educação. Esse controle é feito mediante constantes intervenções obrigatórias, nas quais se analisam as avaliações mais importantes. A flexibilidade facilita adaptações e o aperfeiçoamento do currículo, em sintonia com os avanços produzidos nas respectivas áreas profissionais.

O potencial e a qualidade dos programas são avaliados continuamente no próprio sistema educacional, com um controle interno, que tem por fim a gestão de qualidade das disciplinas e de tudo que se refira à supervisão, organização e administração de recursos. Ao final de cada semestre, os estudantes preparam o relatório de supervisão, que é entregue ao conselho de estudos e aos professores envolvidos. O conselho avalia o documento, considera a opinião dos docentes e decide quanto às medidas a se tomar para a solução de queixas ou melhoria da qualidade do ensino. A resposta do conselho é enviada aos estudantes do semestre, o que acentua a importância da avaliação como instrumento de garantia da qualidade. Finalmente, o relatório e a resposta do conselho de estudos são usados na preparação e melhoria desse semestre no curso seguinte. Assim, o sistema funciona como um círculo de contínuo aperfeiçoamento.

Esse sistema de controle de qualidade é integrado ao modelo educacional. Cada semestre é preparado tendo em conta as questões pontuais mais relevantes dos diferentes temas. Dessa forma, os objetivos das disciplinas e do próprio tema são avaliados e adaptados antes do começo do semestre por um pequeno grupo de alunos e professores, representantes do curso atual e seguinte. O relatório de avaliação do semestre anterior é fundamental para o aperfeiçoamento do curso. O conselho de estudos se encarrega dos ajustes menos importantes, enquanto o conselho da faculdade assume a avaliação e introdução de mudanças, como a regulamentação legal do currículo.

Os processos de avaliação interna se encontram no "Manual de controle de qualidade", elaborado e adotado por cada conselho de estudos. As orientações demonstram que o processo não só avalia e qualifica o que ou quem é ou não eficaz, como também analisa a relevância, os conteúdos, a estrutura, o objetivo, os recursos, o rendimento etc. Ele é elaborado com o cuidado de ressaltar tanto a responsabilidade comum pelo aumento da qualidade dos programas como a importância da qualidade de todo o ambiente acadêmico.

O desenvolvimento e a implementação desse sistema é uma maneira de estabelecer uma cultura da qualidade. Embora tenhamos adotado desde o princípio a ideia de controle interno, é preciso definir inúmeros detalhes para apresentar o sistema de maneira minuciosa e conseguir que o conselho o incorpore como ferramenta de qualidade. Todos os envolvidos – alunos, professores e conselho de estudos – devem reconhecer a sua responsabilidade e coincidir no que se refere aos benefícios decorrentes do sistema. Os alunos devem entender que a única maneira de terem um semestre mais proveitoso é avaliar com seriedade o semestre anterior. A melhoria da qualidade consiste em se achar a medida exata.

Melhoria da qualidade e formação dos professores

O corpo docente, organizado em departamentos que abrangem áreas científicas importantes e inter-relacionadas, divide o tempo entre a docência e a pesquisa. Os departamentos são responsáveis pela investigação científica; e as escolas e seu conselho de estudos, pelos programas. Assim, os departamentos contribuem com os recursos educativos necessários e exigidos pelos diretores de cada escola. O sistema contempla uma espécie de concorrência entre escolas e departamentos, para otimizar a gestão dos recursos e proporcionar uma correlação equilibrada entre ensino e pesquisa. O conselho da faculdade contextualiza e coordena a interação. Promover a organização do processo de aprendizagem requer um planejamento de longo prazo e investimento na capacitação dos professores.

Um ambiente acadêmico de qualidade depende da interação de professor e aluno. Esta, por sua vez, depende das habilidades pedagógicas do professor. Daí a necessidade de que professores auxiliares passem por um processo de formação especial que melhore suas habilidades pedagógicas e os prepare para dirigir o processo de aprendizagem. Ao concluir o curso, sua avaliação poderá ser útil para pleitear um cargo efetivo de professor associado ou adjunto. Os cursos de formação também são pensados para o professor efetivo que necessite aperfeiçoar suas habilidades pedagógicas.

Por fim, para ressaltar a importância de um contexto de aprendizagem de alta qualidade, entre os professores surgiu a ideia de eleger o "professor do ano". A escolha é feita com base nas recomendações dos representantes dos alunos de cada conselho de curso. Além de conceder um prêmio, essa iniciativa destaca a ideia de que os méritos acadêmicos não estão ligados apenas à pesquisa, mas também à capacidade de ensinar.

Controle de qualidade. Avaliação de nível

O sistema de avaliação externa tem como objetivo a avaliação profissional e acadêmica independente. Essa avaliação cobre pelo menos um terço do currículo, incluindo os tópicos mais importantes e a tese final. O restante do currículo é avaliado internamente, pelo corpo docente, nos mesmos moldes da avaliação externa.

Como dissemos, a avaliação é um seminário que analisa os conhecimentos que cada um dos alunos possui do projeto, das disciplinas acadêmicas afins, e as habilidades profissionais. O sistema de avaliações permite que haja um controle externo da relevância profissional e dos níveis acadêmicos, além do controle de todo o sistema educativo. Todas as disciplinas do ensino superior têm seu próprio corpo de examinadores externos, nomeados pelo Ministério da Educação, com base em recomendações das universidades e do presidente desse corpo. Após a avaliação, os examinadores devem expor seus comentários ao presidente. Tais comentários constituem um relatório anual publicado pelo Ministério, o que facilita o controle de qualidade externo do currículo.

O que aprendemos?

A Universidade de Aalborg, em seus trinta anos de experiência, aprendeu uma série de lições:

Os graduados têm as habilidades necessárias para enfrentar problemas desconhecidos do futuro. É possível que tenham menos experiência em resolver os problemas-padrão da profissão, mas são mais qualificados para empreender tarefas complexas, para combinar ideias de campos diferentes, analisar problemas novos e familiarizar-se com áreas nunca estudadas, relacionadas com problemas práticos. Desse modo se garante, a princípio, que os estudantes saiam da universidade com as habilidades necessárias para resolver também os problemas desconhecidos do futuro (Kjaersdam e Enemark, 1994).

Com o trabalho de projeto, o aluno desenvolve a capacidade de aprender a aprender. Porque os conhecimentos adquiridos com as próprias pesquisas consolidam-se muito mais e se aplicam mais facilmente que aqueles obtidos de livros didáticos e das aulas das diferentes disciplinas.

A elaboração do projeto desenvolve habilidades de cooperação e gestão. Trabalhando em equipe, os alunos aprendem a cooperação e a administração de projetos, inclusive a capacidade de cumprir prazos – como lhes será exigido na vida profissional.

O projeto possibilita a cooperação com o mundo comercial e empresarial. Os problemas abordados no projeto são reais, aqueles que as empresas realmente enfrentam. Desse modo, alunos e professores fazem contato com comerciantes e empresários para resolver problemas que surjam ao longo do processo.

Da interação entre ensino e pesquisa nasce a inovação. Com o trabalho com projeto identificam-se novos problemas a serem estudados, que são analisados na pesquisa do professor auxiliar. Além disso, pode ser que muitos desses projetos se baseiem em uma linha de pesquisa desenvolvida por determinado professor, o que contribui para o avanço do estudo e gera uma rica relação de troca com o docente. Essa interação entre ensino e pesquisa é o elemento dinâmico que constrói um ensino inovador.

As exigências da realidade garantem um currículo flexível e relevante. As disciplinas são atualizadas e modificadas facilmente para refletir os avanços técnicos e profissionais da sociedade. Com isso, os professores estão sempre atualizados. A atenção se concentra nas questões dos estudantes, de maneira que não são eles os que precisam se adequar às propostas que lhes são feitas.

A proposta de um ensino organizado em projetos é relativamente exigente quanto ao número de professores. A razão está na necessidade de orientar grupos de quatro ou seis alunos. Por isso, os recursos de pessoal docente dependem do número de alunos. Em geral, o sistema organizado em projetos exige uma proporção entre professor e aluno de cerca de 1:10 (uma vez que o professor divide a jornada de trabalho entre pesquisa e docência).

Bibliografia

COLEMAN, D. J. "Applied and academic geomatics into the twenty-first century". *Proceedings of FIG Commission 2*, The XXI International FIG Congress, Brighton, 1998, p. 39-62.

ENEMARK, S. "Creating a quality culture". In: *Towards best practice – Quality improvement initiatries in higher education institutions*. Nordic Council of Ministers (org.), Tema Nord, n. 2000, v. 501, p. 53-63.

ENEMARK, S.; KOLMOS, A.; MOESBY, E. *Promoting and supporting PBL interests worldwide – The profile of the UICEE centre for Problem Based Learning*. Atas da Conferência Internacional PBL 2006. ABP, Pontifícia Universidade Católica do Peru. Lima, 17-24 jul. 2006.

KJAERSDAM, F.; ENEMARK, S. *The Aalborg experiment – Project innovation in university education*. Aalborg: Aalborg University Press, 1994, 1995 e 1997.

2 PERSPECTIVA GERAL DA INTRODUÇÃO E IMPLEMENTAÇÃO DE UM NOVO MODELO EDUCACIONAL FOCADO NA APRENDIZAGEM BASEADA EM PROJETOS E PROBLEMAS

Egon Moesby
Universidade de Aalborg, Dinamarca

Quando uma instituição, um departamento, um centro educacional etc. têm a tarefa de instituir um novo modelo de aprendizagem centrado em projetos e baseado em problemas (POPBL/PBL – *Project oriented and problem based learning*), enfrentam inúmeros desafios, muitos deles relacionados com questões práticas para a sua correta implementação. Mas, acima de tudo, surge a questão de como conseguir que os professores aceitem a ideia, colaborem e mantenham um trabalho ativo e genuíno. O primeiro desafio é colocá-lo em prática; o segundo, mais difícil e trabalhoso, é lidar com a resistência da maioria das pessoas à mudança. Para uma implementação bem-sucedida dessa transformação, é fundamental explicar as intenções, o processo, as expectativas, o comprometimento que se espera dos professores e os benefícios que eles terão, e estabelecer prazos.

Em última instância, promover mudanças consiste em estabelecer uma nova *cultura* de ensino e aprendizagem. Chris Argyris, estudiosa do processo de aprendizagem de pessoas e organismos, afirma que as pessoas, desde pequenas, estão programadas para lidar com situações ameaçadoras e que, em consequência, costumamos usar estratégias de raciocínio ineficazes. Além disso, esse pré-condicionamento cria culturas que fortalecem essas estratégias contraproducentes (Argyris,

1992/1999, p. 174). Em poucas palavras, desde o início a maioria das pessoas adota naturalmente uma atitude defensiva, cética diante da mudança e inclinada à oposição. Para mudar essa realidade, os gestores e aqueles que planificam as mudanças devem reconhecer o que Argyris chama de *teorias em uso* – as rotinas do pensamento-padrão – e encontrar formas de criar novas teorias em uso baseadas na adoção de novas ideias que devem fazer sentido e ser significativas para todos. Entretanto, para transformar a teoria já incorporada, é preciso que as pessoas sejam ativas no processo de aprendizagem, fazendo coincidir os objetivos de seu grupo com a visão da instituição – isso deve ser levado em conta ao se traçar a estratégia de implementação de mudanças.

Neste capítulo, apresentarei o processo que leva à prática de um novo modelo educacional. Para dar ao leitor um exemplo dos aspectos gerais que intervêm em uma execução complexa, a figura 1 resume elementos característicos que, juntos, compõem as partes mais importantes desse processo de mudança. O leitor, ao ser conduzido pelas áreas-chave na perspectiva geral dos processos, poderá tomar decisões qualificadas e ver o processo como um conjunto de elementos, cuja análise nos ajudará a sair vitoriosos diante do que temos pela frente. Assim, a figura 1 será o núcleo de nossa argumentação, e abordaremos seus elementos de maneira lógica e coerente, o que já indica o modo como transcorrerá a tomada de decisões. O modelo exposto é resultado da experiência com o trabalho e encontros internacionais de assessoria e da pesquisa no campo do projeto e planejamento educativos e das mudanças nas organizações. Além disso, os aspectos práticos refletem minha experiência de mais de dez anos como coordenador na Universidade de Aalborg. As subfiguras do gráfico, desenvolvidas ao longo do capítulo, são fruto desse processo e resumem os elementos que atuam em um processo de mudança, retirados de uma série de artigos sobre o tema.

Não pretendo aqui expor o trabalho de várias instituições, nem apresentar diferentes modelos; há bibliografia suficiente sobre isso, como a obra de Graff e Kolmos (2007). Apresentarei um exemplo de um possível plano geral que pode conduzir o leitor pelos principais temas propostos ao se introduzir uma mudança educativa voltada para o ensino e a aprendizagem baseados na ABP. É possível observar que os modelos expostos estão abertos a variáveis de acordo com o contexto, o que dá à instituição diferentes possibilidades para a elaboração de um plano que se ajuste às necessidades locais e reflita a cultura, os recursos etc., pois não acreditamos que uma cópia do modelo de Aalborg seja eficaz para todas as universidades. O objetivo é expor as possibilidades que podem sustentar um modelo ABP *local*, adaptado à instituição em suas ações para o estabelecimento de um ambiente de ABP específico e operacional. Oferecemos o *cardápio*. Cabe ao leitor, meu convidado, escolher os pratos de sua preferência.

Início do processo

Trice e Beyer (1993) estudaram o processo de implementação nas organizações e concluíram que "todas as fases de qualquer processo de mudança implicam o risco de omissão, abandono ou retrocesso a uma fase anterior". Tal afirmação sinaliza que os processos de mudança podem não funcionar e que, para consolidá-los, as pessoas devem adotar ideias e ajustar suas condutas a elas, a fim de se criar uma mudança possível e duradoura. Caso contrário, tendemos a voltar às antigas rotinas.

Trice e Beyer enfatizam também que "a aceitação e o entusiasmo iniciais não são suficientes à continuidade do processo de mudança".

Baseados nos estudos que realizaram sobre as organizações americanas, esses autores propõem um modelo simplificado de três passos para o processo de implementação:

- Adoção
- Implementação
- Institucionalização

■ EGON MOESBY ■

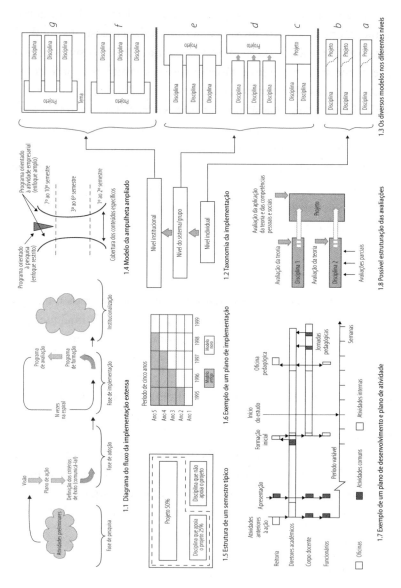

| **Figura 1** | Exemplos de elementos de um processo de implementação de um novo modelo educacional (Moesby, 2007).

A adoção relaciona-se ao processo de realizar uma mudança. A implementação abarca as atividades necessárias para introduzir as mudanças desejáveis. A institucionalização é a fase estável e duradoura do processo, quando a *nova cultura* já se estabeleceu na instituição. No processo desses três passos, omite-se algo anterior à fase de adoção que merece ser considerado. Além disso, quais são as atividades características de cada fase? Para preencher essas lacunas, o autor criou um novo modelo do processo de implementação, de quatro fases (ver figura 1.1).

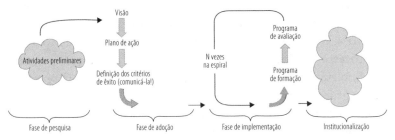

| **Figura 1.1** | Diagrama do fluxo de implementação extensa (Moesby, 2006).

O modelo de fluxo de implementação ampliada da figura 1.1 soluciona as omissões às quais nos referíamos, graças à introdução de uma *fase de pesquisa* prévia à *fase de adoção*. Aqui, o fluxo é apresentado em sua forma ampla, com três fases – cada uma com os subelementos necessários –, e, em seguida, o possível estágio final:

1. *Fase de* pesquisa
   a) atividades preliminares
2. *Fase de* adoção
   a) formulação da visão
   b) definição dos critérios para o sucesso
   c) comunicação dos resultados
3. *Fase de* implementação
   a) programa de formação dos professores
   b) programa de avaliação
4. *Estado* institucionalizado

Chamamos a última etapa de *estado* e não de fase porque ela já é o produto (tal como foi pensado pelos precursores do processo), enquanto as fases anteriores são consideradas de transição para ele. O motivo da imprecisão do estado institucionalizado, à direita do diagrama, ilustrado com uma nuvem vazia, explica-se pelo fato de o processo de mudança durar muitos anos. Cinco a dez anos é um período de espera realista para atingir esse estado – se é que é possível alcançá-lo. Além disso, não acredito que nenhuma instituição almeje atingir um estado e fixar-se nele: o desejável é que se queira continuar avançando.

A expressão "se é que é possível alcançá-lo" usada no parágrafo anterior não pretende suscitar no leitor maiores incertezas ou preocupações, visto que não indica o fracasso do projeto ou da aplicação do processo. No espaço de tempo entre a fase de adoção, passando pela implementação, até que a instituição ou subinstituição se estabeleça, o grupo de professores envolvido muda e evolui de acordo com as necessidades, os anseios e as reações da sociedade. Um mundo que está sempre mudando rapidamente requer "instituições de ensino e aprendizagem alinhadas" (Gibbs, 1994); portanto, para adaptar-se aos avanços, a organização deve rever constantemente suas metas de futuro e as imagens que tem da situação de estado institucionalizado, sempre de maneira *progressista*, para atender aos desejos e necessidades, em constante transformação. Esses ajustes no produto, já um estado institucionalizado, podem modificá-lo em relação à ideia que o concebeu dez anos antes, na fase de adoção. Não devemos pensar que isso evidencia uma deficiência no planejamento ou no projeto; devemos tê-lo como um sólido indicador de que a organização é capaz de avançar sempre que as exigências do contexto o requeiram.

O "diagrama de fluxo da implementação estendida" mostrado na figura 1 exemplifica um possível processo de implementação. Muitas instituições ou subinstituições centram-se rapidamente na fase de implementação. No entanto, minha experiência mostra que o trabalho realizado com resultados práticos nas atividades preliminares, mostradas na figura 1, consolida uma mudança frutífera, em seu devido tempo, no período posterior de implementação.

■ PERSPECTIVA GERAL DA INTRODUÇÃO E IMPLEMENTAÇÃO DE UM NOVO MODELO EDUCACIONAL ■

Fase preliminar

Por várias razões, costuma-se pensar – e até aceitar – que qualquer decisão bem-sucedida em um processo de mudança deve ser tomada de cima para baixo. Isso é verdade apenas em *alguns* casos, não em *todos*. Uma decisão tomada de cima para baixo é um modo enérgico de *forçar* uma mudança. Porém, se o pessoal administrativo e os professores da organização não concordam com ela, será apenas uma mudança que não se estabelece. Apesar disso, a responsabilidade de *iniciar* e *dirigir* uma mudança cabe à direção, que deve decidir e indicar o caminho a se tomar, o qual deve ser coerente com a visão institucional. Outras questões, como a do tempo dedicado ao trabalho de projeto, sua estrutura principal etc., podem ser determinadas aqui com sensatez. Em última instância, os diretores são encarregados de iniciar o processo, mesmo porque, ao final, serão eles os responsáveis. Por conseguinte, esse último aspecto é uma clara decisão que se toma em instâncias superiores.

Em qualquer organização, a diretoria só será eficiente mantendo-se coesa com os funcionários que possam pôr em prática, nos diversos níveis da instituição, a política definida, e que assim o façam. Tal como não se pode garantir que uma decisão imposta de cima para baixo na introdução de mudanças vá ter sucesso, também não se garante que propostas formuladas de baixo para cima se efetivem por si mesmas. Em contrapartida, uma relação de parceria e apoio mútuo entre os membros da direção e os entusiastas de níveis mais baixos possibilita mudanças dinâmicas. A figura 2 ilustra a relação ideal entre esses dois níveis. Com a união de forças, o mais provável é que a mudança aconteça.

A questão sobre por onde, de que ponto, iniciar a mudança é motivo de debate. Talvez a melhor situação seja aquela em que essa pergunta nunca é realmente respondida e as pessoas envolvidas tampouco se preocupam em respondê-la. Em alguns dos avanços educativos mais eficazes na educação, pode ser difícil dizer quem dá início ao processo, mesmo quando, com o tempo, no nível de direção se considere a necessidade de mudar. O mais provável é que o avanço resulte de uma conjunção de iniciativas. O diálogo pode ser ampliado em círculos informais antes de a mudança se tornar um tema oficial no debate institucional. O diálogo assim pode acontecer em vários níveis. Quando representantes desses níveis se reúnem em situações informais, o debate é uma ponte entre todos. O diálogo pode se desenvolver informalmente antes de se tornar tema oficial da instituição ou subinstituição. Nessas condições, costuma ser difícil que os envolvidos tomem para si a responsabilidade de coordenar as ideias: fala-se simplesmente do fato de compartilhar o sentimento de que "nós" fizemos isso, ou nós "decidimos" aquilo. Entretanto, existe o perigo de os diretores acadêmicos intermediários, líderes que estão no centro do processo, ficarem defasados ou marginalizados no *debate*. Podem pensar, e com razão, que recebem ordens de cima e que os que estão abaixo os obrigam a fazer o que *eles* querem – ou as duas possibilidades ao mesmo tempo. Daí a importância de envolver os diretores no processo desde o princípio, para que se tornem agentes ativos da mudança, e não meros funcionários limitados a cumprir instruções. Convém debater e até matizar a decisão tomada em instâncias superiores com a ajuda dos diretores acadêmicos, que assim se sentirão "donos" da versão melhorada e, paralelamente, podem desenvolver um programa de que participem os "seus" professores.

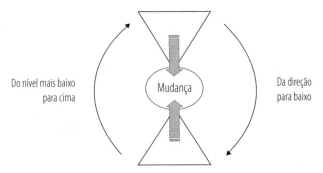

| **Figura 2** | Círculo do começo da mudança por parte da direção / oriunda dos níveis mais baixos (Moesby, 2006).

■ PERSPECTIVA GERAL DA INTRODUÇÃO E IMPLEMENTAÇÃO DE UM NOVO MODELO EDUCACIONAL ■

O que foi apresentado até agora pode parecer reflexo de minha formação cultural, o que, de certa maneira, faz sentido. Mas ainda que diferentes culturas requeiram diferentes propostas, continua sendo importante abordar a fase preliminar às atividades. Embora a perspectiva se forme sobre uma decisão de cima para baixo, nem por isso ela deixa de se basear na reflexão e no debate. Até uma decisão radical tomada de cima para baixo pode implicar atividades que reúnam características da fase preliminar que já foi citada. O momento de se formular a perspectiva pode variar em função do contexto cultural. Entretanto, acredito que uma mudança bem-sucedida exige, antes que o trabalho entre na etapa formal, discussões da fase preliminar e comprometimento das pessoas envolvidas. Em relação à figura 1.1, o momento previsto para aplicar uma visão decidida nos níveis mais altos em diferentes meios culturais pode se deslocar para a esquerda, isto é, à área das atividades preliminares.

O quadro 1 é uma matriz útil para explicar o *funcionamento interno* de uma organização em processo de mudança. Ela não é, por si só, operacional, mas ilustra muito bem o que pode acontecer na falta de alguns elementos importantes de um processo como esse. Neste capítulo, alguns deles são abordados diretamente, outros não. O quadro 1 pode ser de grande ajuda para a direção e para aqueles que planejam a mudança, quando decidirem projetá-la. Além disso, ao longo do processo é possível "retroceder", caso se identifiquem algumas das características da coluna da direita. A resistência, por exemplo, talvez seja um sinal de carência de incentivos.

| **Quadro 1** | Matriz da mudança (Moesby, 2004, baseado em Thousand e Villa, 1995).

Perspectiva	Consenso	Habilidades	Incentivos	Recursos	Plano de ação	Mudança
	Consenso	Habilidades	Incentivos	Recursos	Plano de ação	Confusão
Perspectiva		Habilidades	Incentivos	Recursos	Plano de ação	Sabotagem
Perspectiva	Consenso		Incentivos	Recursos	Plano de ação	Ansiedade
Perspectiva	Consenso	Habilidades		Recursos	Plano de ação	Resistência
Perspectiva	Consenso	Habilidades	Incentivos		Plano de ação	Frustração
Perspectiva	Consenso	Habilidades	Incentivos	Recursos		Rotina

Perspectiva

Na figura 1.1, a fase posterior à pesquisa é a *fase de adoção*. Na minha opinião, a mais transcendental de todo o processo. A partir da consistência dos debates e reflexões na fase de pesquisa, na fase de adoção deve-se formular o pensamento concreto, posto que é nessa etapa inicial que se há de tomar muitas decisões importantes. Lamentavelmente, nessa mesma fase, os conhecimentos que a equipe e a direção têm sobre o que convém e o que é necessário fazer são limitados. Porém, os efeitos de suas decisões têm consequências de grande alcance. Por isso é importante criar oportunidades de projetos de pesquisa e promover debates que deem uma base sólida ao trabalho que terão pela frente.

Ao final dessa fase, os encarregados do planejamento colocarão seu trabalho à prova e deverão ser capazes de responder a diversas perguntas. Algumas lhes serão relevantes, outras, nem tanto. Mas, ao serem questionados, têm de perceber que nesse ponto do processo todas as perguntas são importantes para quem as formula, refletindo uma dúvida pessoal ou um ceticismo justificado. Todas as perguntas devem ser respondidas, ainda que algumas não ofereçam riqueza de detalhes, que se expliquem em linhas gerais. Antes de fazer qualquer comunicado relevante, é importante que o apresentador reúna conteúdo para apresentar.

A chave da apresentação é mostrar a perspectiva, o ponto onde as instituições se imaginam no futuro, aonde querem chegar como organização, em um período determinado, com um esforço concreto. Mas essa não deve ser a perspectiva de *uma pessoa:* o objetivo é desenvolver um ponto de vista comum a todos. Um idealista sem seguidores é um idealista solitário.

Há muitos graus de perspectiva, com conteúdos diferentes, que dependem do nível da organização onde é formulada: pode ser a posição de toda a instituição, ou a de um departamento ou faculdade. Estas últimas devem compartilhar da visão geral, mas, em seu nível de atuação, as propostas serão mais operativas. Um exemplo ilustrati-

vo é o da perspectiva da Toyota: *Beat Benz* (Vencer a Mercedes-Benz). Tem garra, sem dúvida, mas não é factível. Se não há perspectiva, o mais provável é que o processo acabe em confusão (ver quadro 1). Os ingleses têm um ditado sobre isso: "Se você não sabe para onde vai, qualquer ônibus serve".
Para formular uma perspectiva, devemos nos deter agora na figura 1. A próxima parada, *antes de ir adiante* na figura 1.1, é a figura 1.2, em que se representa uma taxonomia de três níveis.

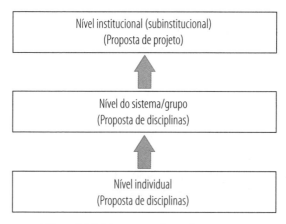

| **Figura 1.2** | Taxonomia da implementação.

Essa taxonomia sugere como descrever os diferentes níveis, refletindo a complexidade cada vez maior do trabalho para a execução do projeto, e mostrando também que a complexidade institucional aumenta à medida que o projeto passa de uma estrutura simples a outras, mais complexas e completas. A taxonomia é a base para chegar a uma interpretação comum ao falar dos níveis de mudança.

O nível individual pode se definir com as seguintes características:

- A *nova* prática está no marco tradicional do sistema educativo atual.

- Relaciona-se com a atuação de cada professor e, assim, caracteriza-se como uma situação *pessoal*.
- O sistema de avaliação não muda.

Desse modo, as mudanças não geram grandes impactos na organização. De fato, com exceção do professor que as implementa, podem acontecer sem que ninguém as perceba. Há muitos exemplos de práticas nesse nível, que pode se considerar parte da fase preliminar. Caberia entendê-lo como um modo de confirmar o modelo e adquirir experiência para futuros avanços.

Ao passarmos ao seguinte nível da figura 1.2 – sistema/grupo –, a situação começa a mudar na organização. Esse nível caracteriza-se por induzir:

- A mudança nos objetivos das disciplinas ou do programa.
- A mudança nos métodos de ensino e aprendizagem da organização.
- A mudança nos métodos e objetivos dos sistemas de avaliação da organização.
- A mudança na cultura de ensino e aprendizagem da organização.
- A mudança na própria organização.
- A mudança nos métodos de avaliação.

Usa-se a expressão " induz a refletir sobre a mudança" para indicar uma transição, pois essa mudança não acontece de uma vez em um momento específico. Indica também que as próprias mudanças podem passar de limitadas a complexas dentro da organização, que também não precisa mudar completamente, embora o processo leve a alterações em (algumas de) suas partes.

Nesse nível, provavelmente a instituição começará a organizar o ensino em sistemas, e o processo se tornará mecanizado e muito controlado.

O último e mais alto nível dessa taxonomia é o institucional, ou político, no qual o impacto sobre a organização, os alunos e professores é total. Espera-se que apresente as seguintes características:

- Os alunos assumem um papel ativo e de colaboração na tarefa de gestão (planejamento, avaliação etc.).
- O aprendizado é contextual e baseia-se na experiência.
- Os projetos são multidisciplinares (interdisciplinares).
- Os alunos têm grande importância no planejamento e direção institucionais.
- Mudança na cultura organizacional.
- Mudança na organização.
- Mudança no modo de avaliar (controlar) e orientar os critérios de avaliação (pelo menos parcialmente).
- Mudança nos métodos e objetivos da avaliação.

Nesse nível, a instituição altera sua abordagem de ensino e administração. Toda a cultura passa por um processo de mudança. Não se alcança esse patamar em pouco tempo, com uma decisão executiva. Minha experiência a respeito das mudanças por que passam diversas instituições demonstra que são necessários anos, do início do processo até que se chegue ao nível institucional para toda – ou quase toda – organização, o que exige grande empenho da direção. Muitas ABPs se perdem pela falta de atenção dos diretores, ou por desvios no percurso.

Uma das mudanças mais importantes nesse nível é a participação ativa dos alunos no processo. Isso significa que os estudantes de fato exercem um papel significativo na tomada de decisões da organização. Aqui se requer um alto grau de democratização, não como mera formalidade, mas como algo real e genuinamente democrático. Os alunos devem participar das reuniões de planejamento de mudanças e, posteriormente (talvez com menos intensidade), intervir em todos os níveis quando a situação estiver em curso.

A mudança nos métodos de avaliação da organização (avaliar a organização e os recursos) costuma ser esquecida ou omitida. Muitas vezes, manter as formas "antigas" de avaliação dos docentes os leva a fingir que o novo modelo funciona, quando o que se tenta é seguir os critérios de avaliação do sistema antigo. A situação é contraproducente e deve ser vista com seriedade, para que o método de avaliação se ajuste à nova filosofia de ensino e aprendizagem.

Vários modelos em diferentes níveis

Após se definirem os diferentes aspectos dos possíveis modelos da ABP, cabe uma apresentação mais detalhada dessas variedades. A figura 3 será útil para esse fim, por conter muitas e variadas características, cada uma com suas virtudes. Se os encarregados do planejamento tiverem claros seus objetivos, projetar um modelo não será complicado.

Em minha colaboração internacional com diversas instituições, observei que um dos obstáculos para se chegar ao nível institucional é a tarefa, ilustrada na figura 1.2, de tornar o projeto independente, algo mais que uma mera aplicação da ABP integrada a umas poucas disciplinas acadêmicas. É comum que o projeto seja planejado como atividade em uma ou duas disciplinas. Nessas circunstâncias, em geral as instituições não respaldam realmente a mudança cultural necessária para tornar realidade o novo paradigma educacional em toda a instituição em questão. É possível que não fique bem claro se o objetivo é implementar a ABP como ferramenta ou pôr em prática a filosofia da ABP, com todas as mudanças organizacionais e culturais que ela representa.

Com uma referência geral aos termos e expressões usados na figura 1.3, a sequência de ilustrações mostra exemplos típicos de relações entre as disciplinas e o projeto e se centra nas diferenças no desenvolvimento do currículo entre um enfoque disciplinar e um enfoque de projetos, que alcança, ao final, o mais alto nível na aplicação da ABPP. A série de figuras mostra um progresso na complexidade dos projetos. Consequentemente, os objetivos da aprendizagem podem e devem estar em níveis superiores. Com o avanço da complexidade, a proposta de trabalhos estruturados em projetos – a parte "OP" – fica mais clara como meio de alcançar resultados e adquirir competências de aprendizagem, assim como os resultados desejados para os alunos, tal como deveria ter sido formulado na perspectiva.

A sequência de figuras ilustra uma evolução no uso da ABP que se ajusta aos níveis que aparecem na figura 1.2, de acordo com a visão das instituições, que devem definir a que nível da ABP pretendem chegar. As figuras mostram um uso crescente desse modelo, desde uma forma básica de aprendizagem até uma aplicação complexa e coerente dele, denominada ABPP, para indicar que a organização em projetos se soma à resolução de problemas.

A figura 1.3.a ilustra uma situação em que uma disciplina inclui um projeto, caso típico do *nível individual*. O projeto utiliza a teoria ensinada na disciplina e se limita aos conteúdos dela. O professor supervisiona (controla) o projeto e estabelece os objetivos, que são, basicamente, aqueles que a disciplina abrange.

| **Figura 1.3.a** | Situação que inclui uma disciplina e um projeto (Moesby, 2004).

A figura 1.3.b mostra duas disciplinas que incluem, cada uma delas, um projeto. Os projetos avançam paralelamente e não têm contato entre si. Permanecemos no nível *individual*. Tal situação é aceitável na aprendizagem dos alunos, mas em outros sentidos a situação começa a ser crítica. A questão aqui é o *tempo*. O que aconteceria se a situação evoluísse e professores de outras matérias também quisessem trabalhar com projetos em suas disciplinas, no mesmo semestre? Os alunos ficariam sobrecarregados com o projeto, deixando evidente a necessidade de organizar os trabalhos de projeto de maneira diferente.

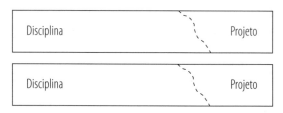

| **Figura 1.3.b** | Situação com duas disciplinas e dois projetos independentes (Moesby, 2004).

A figura 1.3.c é um exemplo de duas disciplinas que propõem um projeto comum. Essa é uma maneira de combinar os conteúdos de duas matérias em um único trabalho. É possível desenvolvê-lo e organizá-lo entre três ou mais disciplinas. Porém, nessa situação, a organização estaria no *nível do sistema/grupo*, como ilustra a figura 1.2.

| **Figura 1.3.c** | Um projeto para duas disciplinas (Moesby, 2004).

A situação requer a colaboração entre os professores das matérias e do projeto. Em primeiro lugar, eles devem definir um projeto comum para as disciplinas envolvidas; depois, estudar como avaliar o processo. Assim começamos a consolidar uma *cultura de colaboração*.

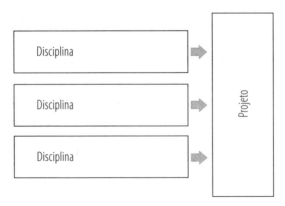

| **Figura 1.3.d** | O projeto é separado das disciplinas, embora continue vinculado a elas (Moesby, 2004).

■ PERSPECTIVA GERAL DA INTRODUÇÃO E IMPLEMENTAÇÃO DE UM NOVO MODELO EDUCACIONAL ■

A figura 1.3.d ilustra uma situação em que três disciplinas compõem a base teórica de um projeto *separado* delas. Desse modo, o projeto pode ser definido com mais liberdade e os alunos podem seguir seus interesses independentemente das disciplinas, sem deixar de lado a teoria ensinada. A estrutura ainda é a de um projeto guiado pelas disciplinas. Até aqui, não houve nenhuma mudança significativa no currículo, elas acontecem dentro do currículo tradicional. Entretanto, a cultura está mudando à medida que aumenta a colaboração entre os professores.

A figura 1.3.e talvez consiga mostrar até onde se pode chegar no *nível do sistema/grupo*. Trata-se ainda de um projeto centralizado na disciplina, mas agora elas se relacionam por intermédio desse projeto. As avaliações baseiam-se no conteúdo da disciplina, embora na maioria dos casos o projeto seja matéria de uma avaliação independente das disciplinas.

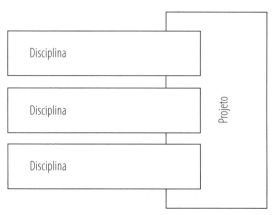

| **Figura 1.3.e** | As disciplinas se relacionam em função do projeto (Moesby, 2004).

Apesar de tudo, é importante evitar a dupla avaliação dos conteúdos. Falaremos sobre isso mais adiante.

Caso se pretenda adotar plenamente a *filosofia* da ABP, deve-se fazer uma revisão do pensamento institucional. As instituições precisam mudar a cultura de elaboração dos currículos, adaptar-se à aprendizagem centrada no aluno, adequar as avaliações a uma nova filosofia de ensino e aprendizado e rever seus processos de avaliação. A figura 1.3.f ilustra a mudança mais significativa que se produz na instituição. Uma das mudanças está no processo de repensar o currículo: priorizar o projeto e posteriormente definir as disciplinas que facilitarão os objetivos da aprendizagem, bem como o rendimento que se espera do aluno. Esse é o ponto central do processo de mudança cultural da organização.

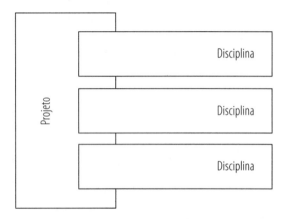

| Figura 1.3.f | O projeto é o ponto de atenção, e a função das disciplinas é apoiá-lo (Moesby, 2004).

A figura 1.3.f retrata a mudança cultural para situar o projeto no centro do processo de aprendizagem. Essa etapa requer um forte compromisso com a ABPP. O projeto e seus objetivos de aprendizagem são decididos antes da escolha das disciplinas de apoio. É importante que o planejamento também mude. Trata-se, pois, de uma mudança na forma habitual do pensamento educativo, já que agora a prioridade é o projeto e não a apresentação de todo o conteúdo da disciplina, que deixa de ser o tema central. Desvincular o projeto das disciplinas pode ser a mudança mais difícil na re-estruturação do currículo, ou na adoção de um novo paradigma educacional. Nesse ponto, é preciso comprovar se as organizações passaram do nível "sistema/grupo" ao "nível institucional". Trata-se de uma mudança de mentalidade para diretores, executores, idealizadores dos programas, professores e pessoal de apoio. Muitas instituições não conseguem mudar, talvez pela falta de formação adequada dos professores, ou pela inexperiência em garantir uma transformação da organização no nível institucional. O mais provável, porém, é que o fracasso se dê pelo fato de a direção não priorizar o processo nem apoiá-lo verdadeiramente durante sua implementação. É possível que os diretores queiram resultados mais rápidos ou "ideias novas" e que o processo se interrompa quando os professores não se sentirem apoiados em seu trabalho ou se desviem para as "novas ideias" da direção.

A figura 1.3.g conclui a série de ilustrações. O quadro em destaque apresenta o tema no qual um projeto se desenvolve e a inter-relação entre as disciplinas que o apoiam. É uma situação final típica do "nível institucional":

> Para facilitar o trabalho de projeto como elemento didático básico, o currículo deve estar organizado em matérias, ou "temas gerais", que normalmente abrangem um semestre. Os temas escolhidos para um programa devem generalizar-se de forma que sua combinação alcance o objetivo proposto e constitua o perfil profissional da instituição. (Kjaersdam e Enemark, 1994)

Tenho a impressão de que a maioria das instituições se contenta com um modelo situado no extremo superior do nível de sistema/grupo, como o que se vê na figura 1.3.e. Pode ser um importante *ponto de partida* ou um objetivo do primeiro escalão, mas não modifica de todo a postura da instituição ou subinstituição e, portanto, não representa um avanço ao nível da filosofia. Desse modo, a implementação pode transcorrer com mais calma. Entretanto, de uma perspectiva mais distante, o provável é que a instituição queira levar mais adiante o modelo da ABP e situar a meta no nível institucional. É previsível que essa vontade surja de experiências com modelos menos complexos da metodologia adotados em sua origem.

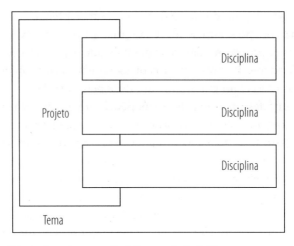

| Figura 1.3.g | O projeto e as disciplinas estão incluídos em um tema comum (representado pelo quadro em destaque). Os três elementos compartilham os mesmos objetivos e metas (Moesby, 2004).

Além disso, minha experiência indica que a maioria das instituições dirige a si mesma no nível sistema/grupo da parte superior da escala. Ao falar disso com diretores e pessoas em cargos de direção, eles não raro afirmavam a intenção de passar a um nível mais alto. Porém, ao trabalhar com diretores de estratos intermediários e professores, ficava claro que estes eram inclinados a propor o nível superior do sistema/grupo. Poderia ser natural que diretores desejassem ir mais longe que os responsáveis por transformar mudanças em realidade e viver as consequências diretas disso. As linhas seguintes talvez corroborem essa ideia.

No artigo "Revolutionary changes: understanding the challenges and the possibilities" [Mudanças revolucionárias: compreendendo os desafios e as possibilidades] (Duderstadt, 1997), o autor expõe suas experiências empíricas na Universidade de Michigan (EUA) ao apoiar um processo de mudança global. O resumo de suas conclusões, apresentado a seguir, em adaptação livre do texto original, ressalta que os vários níveis podem pensar diferente em situações aparentemente iguais.

Em meados da década de 1990, Duderstadt analisou como as pessoas viam as mudanças nas diferentes modalidades de ensino superior. Pediu a diversos alunos e professores universitários que tentassem quantificar o que acreditavam que a universidade poderia mudar nos próximos dez anos, em uma escala de 0 a 10, na qual "0" representava ausência de mudança, e 10, uma mudança radical, isto é, uma completa re-estruturação da universidade. Professores tendiam a ser bastante moderados, com previsões entre 3 e 4. Administradores acadêmicos afirmavam que haveria mudanças mais radicais, próximas de 7 ou 8. Duderstadt fez a mesma pergunta a reitores da universidade, e a surpresa foi que a maioria deles previu mudanças em torno de 20 na classificação.

É possível que aqui encontrássemos provas de que, em níveis diferentes de uma organização, as pessoas também pensam de maneiras diferentes, e poderia ser exatamente essa a razão de não estarem nos mesmos patamares, mas não falaremos disso aqui. Diremos apenas que agentes de mudanças devem ter em mente que trabalharão com vários níveis da organização e que devem facilitar a consecução de um objetivo comum e desenvolver uma estratégia de apoio. Se a brecha entre as expectativas e as possibilidades for muito grande, a definição de uma perspectiva ou um objetivo comum pode se complicar – se é que é possível estabelecê-la de alguma maneira.

Enfoque geral da estrutura principal

Após decidir o nível de mudança que as instituições pretendem e acreditam poder alcançar, o debate se concentra em como e qual poderia ser a estrutura principal. No ensino de engenharia é importante integrar nos alunos o pensamento holístico, já que essa ciência pode ser tida, por sua própria natureza, como um serviço à sociedade, pois cria soluções para os problemas dela ou de grupos específicos. A figura 3 ilustra essa ideia.

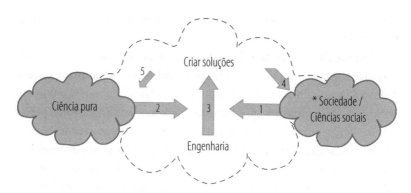

| Figura 3 | Espaço de atuação da engenharia (Moesby, 2007).

O asterisco indica que a maioria dos problemas de engenharia surge na sociedade. Para solucioná-los, engenheiros analisam, comparam etc., buscando a solução mais acertada e que melhor se adeque às carências sociais. Para isso, utilizam a ciência, partindo da ciência pura e das ciências sociais, até encontrar o caminho para uma série de soluções encadeadas a serem postas em prática, elaboradas ou implementadas. Podem acontecer imprevistos que obriguem a retroceder em áreas científicas, mas não nos deteremos nesse tema.

Se esse é o sistema que as instituições almejam em seus esforços para ensinar no curso de engenharia, é importante que os futuros engenheiros assimilem sua concepção. Também é importante entender que raramente os engenheiros trabalham na resolução de problemas sem a interferência do *meio externo* – como leis, questões ambientais, disposições trabalhistas, interesses de diferentes grupos, a sociedade etc. Essa questão deve ser considerada no desenvolvimento da proposta. Na Universidade de Aalborg, Dinamarca, o modelo da "ampulheta", apresentado na figura 1.4, ilustra a integração de todos os fatores no sistema educativo. Nos primeiros semestres, introduzir a resolução de problemas, com uma cobertura mais ampla dos conteúdos, é uma característica integrada e parte do trabalho de projeto. É também parte das competências de aprendizagem definidas e se insere como tema independente nas avaliações.

O modelo da "ampulheta" representa um amplo processo de iniciação aos estudos, durante os dois primeiros semestres. Nos próximos, até a conclusão da graduação, priorizam-se as disciplinas específicas de engenharia. Na pós-graduação, retoma-se o enfoque holístico ou o contexto como parte ativa do trabalho de engenharia. Esse nível deve ser obrigatório para os estudantes, pois apresenta temas fundamentais que dão ao engenheiro oportunidade de criar soluções holísticas para problemas complexos, semelhantes aos que encontrará em sua prática profissional.

O nível de pós-graduação é mais avançado se comparado com o modelo simples da "ampulheta". O modelo ampliado, porém, divide-se em duas opções no extremo superior. Uma é seguir o enfoque amplo da engenharia que se ajusta às demandas do contratante. A outra tem estrutura mais minuciosa, orientada para a pesquisa. Essa possibilidade pode surgir em programas de engenharia mais especializados, como a bioquímica ou a nanotecnologia. São opções que tendem às propostas da ciência pura, cujas estruturas derivadas refletem essa diferença no sistema geral.

Deixar espaço para o projeto

Quanto tempo requer um projeto? Essa é uma pergunta que certamente surgirá, e os responsáveis pelo planejamento devem saber respondê-la para formular e expor as alterações que tenham programado. Os modelos da figura 1.3, com sua progressiva complexidade, revelam que o trabalho de projeto requer cada vez mais tempo. Determinar esse tempo pode gerar diversas, e às vezes acaloradas, discussões. Como acontece em nossas teorias integradas, tendemos a conceber o ensino do ponto de vista da disciplina. Muitas vezes, a redução do tempo destinado aos conteúdos da disciplina equipara-se a uma redução das possibilidades de aprendizagem. Uma segunda razão poderia ser que todos resistem à redução ou eliminação de sua disciplina, o que poderia sugerir que não resta mais nada para ensinar. Deixar espaço para o projeto sem dúvida reduzirá o tempo destinado ao ensino tradicional – afinal, essa é uma das primeiras razões que se consideram ao se adotar um modelo novo. No entanto, essa realidade não prescinde do professor; ele é necessário em outro contexto e com outra função. Em muitos casos, os conteúdos das disciplinas tradicionais se desenvolverão mais e se aprofundarão no projeto.

As figuras a seguir representam diferentes modelos de organização do espaço de ensino e aprendizagem da ABP. A figura representa o modelo geral da Universidade de Aalborg, em que o projeto ocupa 50%, com base na decisão dos diretores.

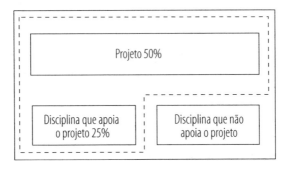

| **Figura 4** | Modelo padrão de ABP da Universidade de Aalborg, Dinamarca (modelo geral).

O projeto ocupa 50% do tempo, e as disciplinas de apoio, 25%. A interação deles aparece nas figuras 1.3.f e 1.3.g. Embora as disciplinas não vinculadas ao projeto não o apoiem diretamente, são úteis para os grupos que queiram aproveitar seu conteúdo no trabalho de projeto. A figura 4 mostra as disciplinas básicas, como matemática, física e outras. A linha pontilhada simboliza a unidade de projeto e resume a coerência entre este e as disciplinas.

■ PERSPECTIVA GERAL DA INTRODUÇÃO E IMPLEMENTAÇÃO DE UM NOVO MODELO EDUCACIONAL ■

A figura 5 exemplifica mais um avanço no modelo-padrão da ABP da figura 4. Representa basicamente o mesmo conteúdo, mas com uma explicação mais clara e coerente. Esse modelo da ABP ilustra as estreitas relações entre o projeto e as disciplinas. Mostra também que os conteúdos das disciplinas se integram ao projeto, o que demonstra ser possível identificar nele os objetivos e competências específicas, na base da disciplina ensinada.

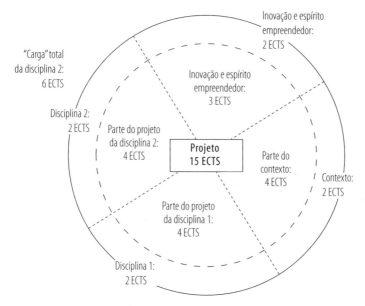

| **Figura 5** | Modelo coerente de ABP (Moesby, 2007).

* ECTS (Sistema Europeu de Transferência de Créditos). Um curso equivale a 60 créditos ECTS, que representam 900 horas/aula por aluno. [N. T.]

Os conteúdos do semestre mostrados na figura 5 não são a representação de um semestre padrão. As disciplinas escolhidas são um exemplo de que os diferentes campos do conhecimento podem se integrar mediante o trabalho de projeto, como se vê nas figuras 1.3.f e 1.3.g.

Temas práticos

Tudo que foi exposto até aqui a respeito da figura 1 se refere a questões educacionais. O que se propõe agora é como abordar aspectos práticos do processo. O primeiro ponto importante é como levar a cabo uma transição de tal envergadura. Podem se tentar vários sistemas, mas há de se pensar no impacto que representarão para as instituições. A decisão de implementar a ABP em toda a universidade, e em uma data determinada, seria um enorme desafio. Significaria uma mudança no modo de ensinar de todos os envolvidos; re-estruturar todos os programas; modificar as rotinas administrativas e as grades curriculares de alunos já matriculados; alterar a forma de trabalhar dos professores auxiliares e o uso das instalações. Acredita-se – e talvez se peque por ser conservador – que é improvável que uma grande instituição saia vitoriosa de uma re-estruturação que pretenda mudar tudo ao mesmo tempo.

Em 1995, a Escola de Engenharia de Esbjerg, na Dinamarca, ao integrar-se à Universidade de Aalborg, teve de adaptar seu método de ensino tradicional ao enfoque da ABP. A figura 1.6 mostra o modelo escolhido para essa transição. Decidiu-se fazer uma separação, de maneira que aqueles que já houvessem iniciado o curso na instituição continuariam com o currículo "antigo", enquanto os novos alunos começariam com a ABP. Esse modelo tem muitas vantagens, pois, nesse caso, o processo leva cinco anos, a fase de transição se prolonga por mais tempo, permitindo que as pessoas e os sistemas se adaptem gradualmente às novas condições. Prevê-se que o processo seja dirigido por pessoas da organização que, independentemente das motivações, queiram a mudança. Assim, é mais provável que se alcancem os objetivos nessas condições do que por meio da imposição. Os pioneiros realizarão um trabalho de grande valor e podem contribuir em uma etapa posterior, como supervisores ou facilitadores de professores que venham juntar-se ao programa. Outra vantagem é que a administração tem mais tempo para incorporar as novas rotinas administrativas, e os funcionários – por exemplo, da biblioteca ou dos laboratórios – poderão se preparar para esses novos serviços. A última vantagem, também muito importante, é que o processo não precisa se ocupar em mudar a cultura de aprendizagem dos alunos antigos.

Essa maneira relativamente tranquila e espontânea de tornar realidade o novo modelo pedagógico é a mais recomendável na maioria dos casos. Talvez as instituições tenham dúvidas quanto à implementação do novo modelo, ainda que se ajuste ao padrão já mencionado. Nesses casos, os diretores podem iniciar um projeto-piloto sobre alguma parte do programa, em uma faculdade determinada. Um ponto positivo dessa alternativa é que a experiência adquirida no projeto pode ser aplicada quando se decida passar a uma escala maior. Além disso, se por qualquer motivo o projeto-piloto não funciona, o "prejuízo" se limitará a uma pequena parcela da instituição ou do programa. Essa é uma possibilidade mais cômoda para alguns diretores. É possível que eles também pensem que isso facilitará a fase de adoção no futuro, pelo simples fato de que contarão com dados empíricos para corroborar sua decisão.

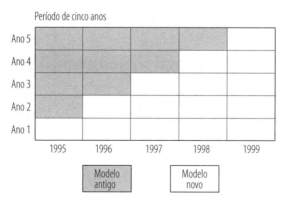

| **Figura 1.6** | Exemplo de um plano de implementação (Moesby, 2006).

Se retomarmos agora a fase de adoção da figura 1.1, o tema a ser tratado após a perspectiva é o plano de ação. Esse plano é muito importante para todos, não apenas para diretores e pessoas encarregadas do planejamento da mudança, mas principalmente para os professores, que se verão envolvidos diretamente no processo. Elaborando-se um plano de ação, as pessoas sabem o que se espera delas, por quanto tempo têm de se dedicar e quando devem usá-lo para alcançar bons resultados.

Uma das experiências adquiridas no processo de implementação de mudanças no currículo da Escola de Engenharia de Esbjerg, e depois na criação de um novo campus em Copenhague, foi que a formação prévia ao início do processo, dirigida aos professores envolvidos, pode ser a mínima possível, algo como instruções práticas. Posteriormente, quando os professores tiverem adquirido certa experiência com o trabalho prático, será necessária uma formação mais consistente. Nessa fase, os professores estarão abertos à colaboração, pois viverão problemas que suscitam perguntas e estarão motivados a aprender. Além disso, ficarão orgulhosos de contar suas experiências. Em poucas palavras, a receptividade ao que vem de fora é maior quando há um ponto de referência e algo com que contribuir. Essas experiências são apresentadas em um exemplo de plano de ação e formação na figura 1.7.

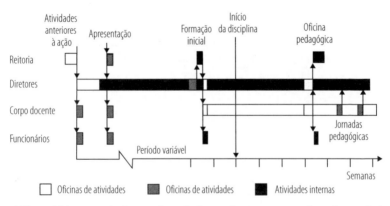

| **Figura 1.7** | Exemplo de um plano de desenvolvimento e um plano de atividade (Moesby, 2007).

Avaliações

A figura 6 retrata a estrutura de avaliações na Universidade de Aalborg. Com base nas finalidades e competências definidas nos programas das disciplinas, os alunos realizam o trabalho de projeto, elaboram um relatório e uma reflexão sobre ele. Esse material constitui a base da avaliação, que também inclui os conteúdos das disciplinas de apoio ao projeto. A avaliação consiste em uma apresentação em grupo, seguida de uma avaliação individual.

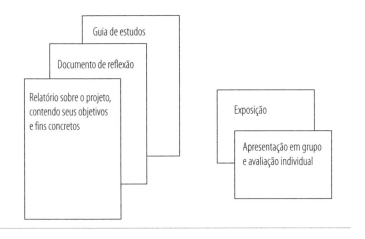

| **Figura 6** | Elementos que interferem na avaliação (à esquerda) e a avaliação propriamente dita (à direita) (Baseado em Moesby, 2002).

Em alguns países, não é possível fazer uma avaliação baseada apenas no projeto e nas disciplinas de apoio a ele, como acontece atualmente na Universidade de Aalborg. Entretanto, isso não deveria ser uma barreira para a proposta do novo modelo educativo. A figura 1.8 traz um modelo desenvolvido para ser usado nos cursos de formação que ofereço no mundo inteiro, que mostra como superar esse problema sem entrar em questões de dupla avaliação e de como satisfazer as necessidades locais.

A figura 1.8 apresenta alternativas para separar a avaliação das disciplinas da avaliação do projeto, evitando o que de fato seria uma dupla avaliação das disciplinas. Se o que se quer é uma avaliação individual de cada disciplina, uma solução é um exame das disciplinas, baseado estritamente em questões teóricas.

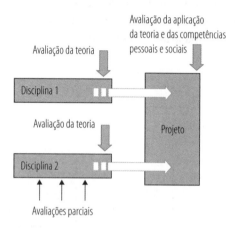

| **Figura 1.8** | Avaliação das disciplinas e do projeto, com base na teoria relevante, na prova da disciplina e nas aplicações, habilidades e competências pessoais desenvolvidas no trabalho de projeto (Moesby, 2004).

Pode-se ampliar essa estratégia se houver também a demanda de avaliações parciais ao longo do curso, mas sem evitar qualquer sobreposição com a avaliação do projeto. Assim, esse último exame pode ser direcionado à *aplicação* de teorias contempladas na disciplina e às competências e habilidades pessoais adquiridas com o projeto e talvez cultivadas com a elaboração do respectivo relatório e de uma autoavaliação que aponte os resultados pessoais da aprendizagem. Se quisermos que o aluno registre o progresso de sua aprendizagem ao longo do projeto, a autoavaliação é uma ótima ferramenta para medir seu rendimento.

A avaliação feita mediante projetos soma-se à supervisão contínua da manutenção do currículo, mencionada antes. Os resultados oferecem à instituição indicadores precisos e atualizados da relevância da disciplina para os alunos, para as empresas e para a sociedade. Contudo, se observarmos que os estudantes obtêm mais informação da internet, de publicações, de especialistas etc. que das disciplinas ensinadas, é possível que uma re-estruturação seja necessária. O último requisito da fase de adoção é a definição dos *critérios de êxito*. Ele é importante porque dá aos professores uma ideia de como melhorar seu desempenho e realizar um bom trabalho ao facilitar o processo de mudança. Quem planeja pode pensar em maneiras de recompensar a atuação dos docentes no processo de mudança, respondendo à seguinte pergunta: "O que eu ganho com isso?" Pergunta que sem dúvida será levantada no debate ao final da fase de adoção.

Fase de implementação

Se voltarmos à figura 1.1, veremos que a próxima fase é a de implementação. Uma fase prática, cujo objetivo é tornar realidade os temas práticos propostos na fase de adoção. Aqui serão desenvolvidos dois aspectos importantes: o programa de formação e o de avaliação.

Já nos referimos ao programa de formação ao falarmos do plano de ação relacionado com a figura 1.7. Porém, a formação constante dos professores acontece na fase de implementação, à medida que mais pessoas vão se incorporando e há mais alunos sob o novo modelo. As instituições devem desenvolver um programa de capacitação dos docentes, para prepará-los para futuras exigências e mudanças em suas funções.

O mais provável é que esse programa avance de maneira interativa ao longo dos anos, acompanhando o progresso da organização, e que haja cada vez mais colegas familiarizados com as mudanças exigidas, já que fazem parte de uma instituição em processo de mudança.

Também é importante que a instituição seja hábil em determinar a avaliação do *processo* e do programa geral. Os professores precisam saber como contribuir para o sucesso da implementação e como serão avaliados posteriormente.

Outra perspectiva é a que se baseia na avaliação dos *resultados* reais, que podem ser medidos em curto e longo prazos. Em curto prazo, poderiam se avaliar as seguintes questões:

- O número de alunos matriculados no novo programa, em comparação com os matriculados no programa antigo.
- O índice de aprovados do novo programa, em comparação com o índice de aprovação antigo.
- A nota média do novo programa, em comparação com a do antigo.
- A avaliação do aluno do novo programa, em comparação com o antigo.
- O índice de evasão do novo modelo, em comparação com o antigo etc.

Em longo prazo, pode-se e deve-se considerar a avaliação de empregadores e ex-alunos sobre os resultados. A figura 7 da seção seguinte exemplifica um estudo como o que foi sugerido.

Em uma fase inicial de planejamento, pode ser que não se priorizem perspectivas de longo prazo. Porém, na fase de adoção, é preciso divulgar e discutir com os professores os objetivos e expectativas de curto prazo.

Comparação entre os enfoques

Os diretores e avaliadores podem se ver tentados a medir a aprendizagem e avaliar a qualidade geral do programa, atendo-se ao número de disciplinas oferecidas. A evolução atual dos sistemas de certificação é um grande estímulo a essa ideia despropositada, uma vez que privilegia o ensino tradicional em detrimento do enfoque de projeto. Acontece que na perspectiva de projeto não há grande quantidade formal de disciplinas, se comparado com o sistema de ensino vigente, em que todo o ensino e suposto aprendizado se restringem ao que é dado na disciplina. Por outro lado, na proposta de projetos, boa parte do que o aluno aprende se adquire no trabalho com o projeto, cujos resultados nem sempre são explícitos e, portanto, não se identificam facilmente. A figura 6 tem em conta esse problema e oferece um panorama que ilustra que, ao se considerar finalidades e objetivos avaliados para o projeto, pode-se descobrir a identidade das disciplinas "ocultas" e estabelecer relações entre eles.

Um estudo de 2004 compara as duas principais escolas de engenharia da Dinamarca: a Universidade Técnica da Dinamarca, considerada uma instituição docente tradicional, e a Universidade de Aalborg, tida como uma instituição da ABPP. O gráfico da figura 7 mostra a diferença entre elas. Se compararmos os dados, constataremos que não há diferenças técnicas. Entretanto, nas questões adicionais do estudo, em que se trabalham habilidades pessoais, sociais e capacidade de colaboração, o contraste é significativo. A proposta da ABPP supera substancialmente o ensino tradicional. Note-se que uma avaliação centrada na matéria não refletiria essa situação. O mais provável é que situasse o ensino tradicional em um patamar superior, dado que se poderiam identificar mais disciplinas oferecidas.

Fonte: Nyhedsmagasinet Ingeniøren, n. 13, 26/03/2004.

| **Figura 7** | Comparação dos resultados das habilidades pessoais desenvolvidas em um contexto de ABP e no ensino tradicional.

Considerações finais

O objetivo deste capítulo era expor, em linhas gerais, um processo de mudança para a metodologia da ABP e ABPP, testado e validado em diversas instituições. Como dissemos, não houve, com esses testes, qualquer intenção de introduzir o "modelo de Aalborg". Centramo-nos na filosofia desse modelo, que pode ser transferida a outros contextos. Os exemplos e modelos aqui expostos não são mais que isso: exemplos que podem ajudar no desenho de uma versão local da ABP ou ABPP, refletindo a cultura, os recursos, as necessidades, as leis etc. Dessa maneira, o resultado será uma versão local da ABP ou ABPP, baseada na filosofia geral.

Se o leitor usar a técnica de encontrar *o que não está* no capítulo, perceberá que o texto se baseia em temas gerais e não se tecem considerações sobre objetivos e metas específicos, os quais, para serem estabelecidos, exigem uma estrutura determinada. A adaptação de um sistema genérico também é um processo interativo, pois às vezes é determinado pelos objetivos e metas definidos na perspectiva, o que demonstra a importância da fase de adoção, como mostra a figura 1.1. Nessa etapa, tomam-se decisões vitais e estabelecem-se metas gerais. Daqui em diante, pode-se escolher o modelo mais relevante e adequado. É como lutar com um quebra-cabeça cujas peças precisam ser recolocadas muitas vezes para formar a imagem "correta", tal como se espera ver no estado institucionalizado e em etapas mais avançadas do processo.

Fizemos uma *visita guiada* aos diferentes elementos e concentramo-nos principalmente em questões técnicas e práticas da perspectiva e do sistema geral. No entanto, como falamos ao princípio do capítulo, a participação e o comprometimento *ativos* dos docentes são parte essencial, e até vital, do processo de mudança. Confiemos em que os diretores e responsáveis pelo planejamento terão em mente essa ideia ao longo do processo de mudança. A falta de apoio e compromisso das pessoas envolvidas pode trazer muitos percalços ao caminho.

Por último, como conselho final, recomendo aos leitores que busquem informação sobre outras experiências e que as considerem no trabalho que têm pela frente. As palavras podem dizer coisas importantes, mas o que nos motiva é ver que algo realmente funciona, pois nos leva a acreditar que pode funcionar também em nossa instituição, e que de fato funcionará.

Bibliografia

ARGYRIS, C. *On organisational learning*. Malden: Blackwell Publishing, 1992/1999. (2. ed.: 2005).

DUDERSTADT, J. "Revolutionary changes: understanding the challenges and the possibilities". *Business Officer*, 1-15 jul., 1997.

GIBBS, G. *Improving student learning – Theory and practice*. Oxford: Oxford Centre for Staff Development, 1994.

GRAFF, E. de; KOLMOS, A. *Management of change – Implementation of problem-based and project-based learning in engineering*. Roterdã: Sense Publishers, 2007.

INGENIØREN. "Ingeniørens undersøgelse af ingniøkompetencer; marts 2004". *Nyhedsmagasinet Ingeniøren*, n.13, Copenhague, 2004.

KJAERSDAM, F. "Effective methods in engineering education". Atas da 8. conferência anual da International Centre for Engineering Education (UNICEE) sobre o ensino de engenharia, Unesco, Jamaica, jan. 2005.

KJAERSDAM, F.; ENEMARK, S. *The Aalborg experiment: project innovation in university education*. Aalborg: Aalborg University Press, 1994.

KNOSTER, T. Exposição na TASH Conference, Washington, D.C. Adaptado por Knoster, de Enterprise Group, 1991.

MOESBY, E. "From pupil to student: a challenge for universities. An example of a PBL study programme". *Global Journal of Engineering Education*, v. 6, n. 2, 2002, p. 145-52.

MOESBY, E. "Implementing project oriented and problem-based learning – POPBL – in institutions or sub-instituions". *World Transactions on Engineering and Technology Education*, v. 5, n. 1, 2006, p.45-52.

MOESBY, E. "Reflections on making a change toward POPBL". *World Transactions on Engineering and Technology Education*, v. 3, n. 2, 2004, p. 269-78.

MOESBY, E. *What is an effective approach to introducing PBL/POPBL in an institution? A model for making the change to PBL/POBL as an alternative approach to higher education institutions*. Aalborg: Aalborg University Press, 2007.

THOUSAND, J. S.; VILLA, R. A. "Managing complex change towards inclusive schooling". In: THOUSAND, J. S.; VILLA, R. A. (orgs.). *Creating an inclusive school*. Association for Supervision and Curriculum Development (ASCD), 1995.

TRICE, H. M.; BEYER, J. M. "Classics of organizational theory". In: SHAFRITZ J. M.; OTT, J. S. (orgs.). 5. ed. Wadsworth: Thomson Learning, 1993, p. 414-24.

3 A ABP NO CONTEXTO DA UNIVERSIDADE DE MAASTRICHT[1]

ANNECHIEN DEELMAN E BABET HOEBERIGS
Universidade de Maastricht, Países Baixos

Introdução

Em 2006, a Universidade de Maastricht – localizada no sul dos Países Baixos, próximo da fronteira com a Bélgica e a Alemanha – completou trinta anos. Desde o início do ano acadêmico 2006-2007, a universidade conta com as seguintes faculdades:

- Artes e Ciências Sociais
- Economia e Administração de Empresas
- Ciências da Saúde
- Humanidades e Ciências
- Direito
- Medicina
- Psicologia

Em janeiro de 2007, a Faculdade de Medicina e a Faculdade de Ciências da Saúde juntaram-se ao Hospital Universitário de Maastricht, formando a Faculdade de Saúde, Medicina e Ciências da Vida. A Universidade de Maastricht é conhecida no mundo inteiro pelo uso da aprendizagem baseada em problemas, proposta em que é pioneira e que utiliza desde sua criação; portanto, tem trinta anos de

---

1. Agradecemos especialmente ao dr. G. Majoor e à dra. J. Hommes pelas entrevistas concedidas e pelo retorno que nos deram.

experiência nesse sistema de ensino. Neste capítulo, apresentaremos a ABP no contexto dessa universidade. Após apresentarmos uma visão histórica, falaremos rapidamente sobre a razão de termos escolhido a ABP e os princípios pedagógicos que sustentam nossa escolha. Em seguida, explicaremos como a ABP se configurou nos primeiros anos e sua evolução ao longo dos anos, tendo como exemplo a Faculdade de Medicina e a Faculdade de Economia e Administração de Empresas.

História

A Universidade de Maastricht abriu suas portas em 1976, com a Faculdade de Medicina (www.unimaas.nl). Nos últimos anos da década de 1960, ficou evidente que a capacidade dos Países Baixos de formar médicos era limitada e que seriam necessários novos centros de ensino. Maastricht e outras cidades decidiram participar da competição para sediar a oitava faculdade de medicina do país. Ao mesmo tempo, fazia-se necessária uma re-estruturação econômica no sul dos Países Baixos. Essa região era menos desenvolvida que as demais e requeria atenção especial, sobretudo após o fechamento das minas de carvão, seu principal gerador de empregos. É possível que essas circunstâncias tenham sido mais uma razão para a escolha de Maastricht como sede da nova faculdade de medicina. Outra exigência era que a faculdade solucionasse a brecha existente entre a teoria ensinada nas faculdades de medicina e a realidade social do país, além de assegurar que a educação tivesse alcance social e profissional. Para enfrentar esse desafio, pioneiros daquilo que viria a ser a Universidade de Maastricht optaram por um novo conceito educacional, a aprendizagem baseada em problemas, e decidiram focar a pesquisa médica nos conhecimentos da medicina de família e outras funcionalidades médicas de maior importância.

Pouco antes de iniciar suas atividades, em meados dos anos 1970, os Países Baixos já não precisavam de centros de formação de médicos, e a Universidade de Maastricht quase fechou, antes mesmo de ser inaugurada. Para impedir que isso acontecesse, a Faculdade de Medicina começou a funcionar sem autorização formal, em 1974. Essa autorização foi concedida em 1976, e a Universidade de Maastricht (então Universidade Pública de Limburgo) foi inaugurada oficialmente. Depois se abriram outras faculdades, começando com a de Ciências da Saúde, em 1980, todas elas organizadas sob o sistema de ensino da ABP.

A Universidade de Maastricht, que conta atualmente com 11.500 estudantes, continua sendo a mais jovem de seu país. Durante muitos anos, foi a única do país a usar a ABP, enfoque que suscitava oposição e ceticismo. A universidade teve de demonstrar que o sistema de ensino escolhido era, no mínimo, tão eficaz quanto o tradicional e, para isso, investiu muito em pesquisas na educação e em garantia de qualidade. Hoje em dia, a ABP é respeitada e tem elementos de seus modelos aplicados em currículos de outras instituições de ensino superior do país. Estudos comparativos de todas as universidades holandesas revelam o alto grau de satisfação dos estudantes com a qualidade do ensino e com as instalações da Universidade de Maastricht. De fato, ela lidera a lista nessas categorias (Steenkamp *et al.*, 2006).

Pontos de partida para a ABP na Universidade de Maastricht: processos de aprendizagem propostos e princípios em que se baseiam

A base do ensino na Universidade de Maastricht é a aprendizagem ativa e significativa. Ramsden (1988) afirmava que o contexto da aprendizagem (estágios, métodos de avaliação, habilidades e posturas dos professores e o tipo de atividades) determina o modo pelo qual os alunos aprendem. A Universidade de Maastricht quer que os estudantes aprendam de forma ativa, que assimilem os conhecimentos, as habilidades, as atitudes e a conduta profissional de forma significativa e em um contexto realista, para garantir que adquiram as competências necessárias para sua futura carreira profissional.

Aprendizagem ativa significa que aprender é um processo ao longo do qual os conhecimentos são construídos de maneira ativa, o que representa o outro extremo de receber os conhecimentos passivamente, mediante instrução. Esta deveria apenas facilitar atividades construtivas do aluno (Glaser, 1991; Gijselaers, 1996). De fato, entende-se a aprendizagem como a construção de novos conhecimentos sobre a base de conhecimentos atuais. Aquele que aprende tem em sua mente conhecimentos prévios que servem de base para assimilar novos.

O conhecimento se estrutura em redes semânticas (redes de conceitos afins). No processo de aprendizagem, a nova informação se liga a essas redes. A mente tem uma estrutura associativa, daí a importância do modo de armazenar e vincular a informação àquela já presente/existente na mente do estudante. Se novos conhecimentos forem *realmente* aprendidos de forma significativa e vinculados a um *contexto* relevante – ou, preferivelmente, a diferentes contextos –, torna-se muito mais fácil o acesso à informação e sua recuperação quando o aluno necessite dela no futuro, para enfrentar problemas em contextos semelhantes (Schmidt, 1993).

A aprendizagem significativa e contextual requer a *integração de elementos dos conhecimentos* do currículo em situações realistas (por exemplo, um paciente que se queixa de alguma dor, o que leva os alunos a estudarem diferentes temas de bioquímica para entender as causas dessa dor, e não para ser aprovados nas avaliações). Isso exige que áreas diferentes dos diversos departamentos da universidade produzam juntas o material didático, ao contrário do sistema tradicional baseado em disciplinas.

Os fatores sociais também influenciam no processo de aprendizagem. O trabalho *colaborativo* em pequenos grupos expõe os alunos a vários pontos de vista sobre determinado assunto. No debate, o aluno pratica habilidades de resolução de problemas e evoca os conceitos aprendidos. Esses pontos de partida influenciam a elaboração do currículo, as funções e atividades dos docentes, o sistema de avaliação, a garantia de qualidade, a organização e administração. Tudo que expusemos está esquematizado em um mapa conceitual na figura 1.

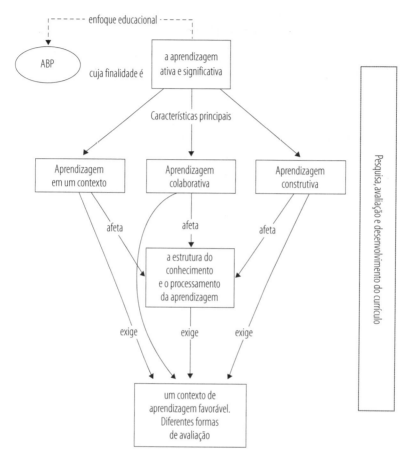

Adaptado de H. Roebertson, 2006.
| **Figura 1** |

A ABP incorpora todos esses princípios; portanto, não deve ser vista como um conceito uniforme. Ao contrário, sua metodologia evoluiu e diversificou-se nos últimos anos na Universidade de Maastricht, adaptando-se às exigências concretas de diferentes áreas e outros fatores de mudança.

Como a ABP começou a ser utilizada na Universidade de Maastricht

Quando a universidade entrou em atividade, a docência consistia em unidades educacionais consecutivas de seis semanas, nas quais matérias e habilidades integravam-se ao redor de um tema central (Moust *et al.*, 2005). A maioria das unidades estruturava-se de forma multidisciplinar. Os estudantes recebiam um programa da unidade, com explicações sobre o tema a ser estudado e problemas surgidos nas supervisões, além de uma lista de referências bibliográficas e recursos para a aprendizagem. Um grupo de supervisão, em geral, era formado por oito alunos e se reunia duas vezes por semana em sessões de duas horas, nas quais se discutia determinado problema de maneira sistemática, usando, para isso, os "sete saltos" (Schmidt, 1983) (ver o quadro 1).

1. Esclarecer frases e conceitos confusos na formulação do problema.
2. Definir o problema: descrever exatamente que fenômenos devem ser explicados e entendidos.
3. Chuva de ideias (*Brainstorming*): usar conhecimentos prévios e senso comum próprios. Tentar formular o máximo possível de explicações.
4. Detalhar as explicações propostas: tentar construir uma "teoria" pessoal, coerente e detalhada dos processos subjacentes aos fenômenos.
5. Propor temas para a aprendizagem autodirigida.
6. Procurar preencher as lacunas do próprio conhecimento por meio do estudo individual.
7. Compartilhar as próprias conclusões com o grupo e procurar integrar os conhecimentos adquiridos em uma explicação adequada dos fenômenos. Comprovar se sabe o suficiente. Avaliar o processo de aquisição de conhecimentos.

| **Quadro 1** | Os "sete saltos".

Os problemas que os professores formulavam eram o ponto de partida do processo de aprendizagem. No grupo de supervisão, analisava-se um problema e os alunos ativavam seus conhecimentos sobre o assunto, sem antes estudar qualquer teoria. Trabalhavam em colaboração, começando com um *brainstorming*, para, depois, detalhar possíveis explicações (princípios, mecanismos e processos subjacentes que pudessem explicar os temas que os próprios alunos propunham no debate inicial) ou imaginar estratégias para abordar e resolver o problema em questão. Com esse procedimento, via-se claramente em que ponto as ideias divergiam, quais eram as lacunas em seu conhecimento e, consequentemente, o que era preciso revisar ou verificar. Sobre essa base os estudantes formulavam os objetivos da aprendizagem.

Em seguida, os alunos buscavam respostas e sanavam possíveis "brechas" de conhecimento com o estudo individual. Consultavam livros, publicações ou vídeos na biblioteca. Na próxima reunião de supervisão, compartilhavam com os membros do grupo os conhecimentos adquiridos. Os objetivos da aprendizagem constituíam a agenda do debate. De acordo com uma sequência combinada, os alunos assumiam funções de moderador e relator do debate, de modo que um estudante o conduzia. A tarefa do supervisor (um professor ou estudante de nível mais adiantado) era facilitar o processo de aprendizagem quando fosse necessário e supervisioná-lo. Quando os alunos se mostravam superficiais – não aprofundavam a discussão e se rendiam com facilidade –, quando tomavam uma direção errada ou quando davam voltas na mesma questão, o supervisor podia fazer uma pergunta sutil, ou mesmo capciosa. Ele contava com o manual do supervisor, que continha informações básicas sobre problemas e objetivos da aprendizagem, tal como foram concebidos pelos professores que propuseram os problemas para esse bloco de estudo.

Além das reuniões de supervisão, o aluno aprendia algumas habilidades e participava de sessões práticas, relacionadas com os temas da unidade. Como parte do ensino de habilidades, havia grupos de "atitude", nos quais se discutiam, por exemplo, reuniões gravadas em vídeo com pacientes fictícios ou outras experiências vividas no curso, sob a supervisão de um professor "orientador de atitude".

Todas as unidades terminavam com uma avaliação. A avaliação processual era dada quatro vezes ao longo do curso e avaliava questões próprias de cada etapa final (o que seria preciso saber para ser aprovado). Em todos os cursos, exigia-se dos alunos qualificações cada vez maiores nas avaliações, pois se esperava que aprimorassem seu nível de conhecimento.

A ABP na Universidade de Maastricht hoje: o caso da Faculdade de Medicina[2]

Fatos e números

A Faculdade de Medicina (FdM) caracteriza-se pela disposição em inovar e em estabelecer intercâmbios internacionais. O ensino da medicina é voltado para a prática. A FdM oferece formação universitária em todas as áreas da medicina, além de uma fase inicial de formação em pesquisa médica, na qual se valoriza uma base ampla, a visão multidisciplinar da profissão e habilidades para a aprendizagem constante. O currículo da FdM foi reformulado recentemente e, em 2001, implementou-se sua nova versão, que enfatiza o vínculo entre teoria e prática e facilita o contato com pacientes desde a primeira fase da formação médica. Além disso, intensificou-se a formação científica. Os estudantes podem escolher diferentes áreas, seja a pesquisa clínica ou especialização em outro país.

A faculdade, que tem 24 departamentos, tornou-se uma comunidade de aproximadamente 1.777 alunos – 471 membros do corpo docente e 366 funcionários administrativos. O programa educacional é conduzido por 104 membros do primeiro grupo e 60 do segundo, todos eles em regime de dedicação exclusiva. A proporção entre alunos

---

2. Esta seção foi elaborada com base em uma entrevista com o dr. Gerard Majoor, do Instituto de Ensino Médico de Medicina da Universidade de Maastricht, e dos conteúdos do endereço eletrônico da Faculdade (http://www.fdg.unimaas.nl).

e professores é de aproximadamente 17:1. A pesquisa está organizada em sete áreas, integradas em institutos criados para este fim. A FdM fomenta o desenvolvimento pedagógico de apoio, em seu Departamento de Desenvolvimento e Pesquisas Educacionais.

Na FdM, 60% do financiamento vem do Ministério da Educação, Cultura e Ciência, por meio do Conselho Executivo da Universidade. Os 40% restantes provêm de fundos da Organização dos Países Baixos para a Pesquisa Científica, da Academia de Ciências dos Países Baixos, de convênios de pesquisa e outras fontes.

Ponto de partida da aprendizagem na FdM

O princípio educacional mais importante para a FdM é que os estudantes são aprendizes ativos. O currículo centra-se no aluno, o que significa que seu processo de aprendizagem é fundamental. Espera-se dos estudantes que se responsabilizem por sua aprendizagem. O programa educacional é elaborado de modo que o aluno tenha tempo suficiente para investigar, estudar e praticar. Consequentemente, as atividades que são centrais no currículo não ultrapassam 40% do tempo disponível. Os alunos aprendem a aprender para, assim, desenvolver uma atitude de aprendizagem constante. Também se valoriza muito o trabalho colaborativo, que representa uma habilidade profissional que os médicos supostamente deveriam ter. Para isso, estimula-se o trabalho em grupos reduzidos. A aprendizagem contextual também é importante: os alunos, desde cedo, trabalham com a prática clínica em ambulatórios. Teoria e prática são cuidadosamente equilibradas e oferecidas simultaneamente, a fim de otimizar o processo de aprendizagem.

Contexto da aprendizagem e enfoques pedagógicos

Na FdM, o ensino é organizado com uma perspectiva inter e multidisciplinar (ao contrário do ensino baseado em disciplinas). Pretende-se oferecer um ensino significativo, em contraposição a uma aprendizagem baseada na memorização, que se dê no contexto mais realista possível, tendo em conta as competências necessárias para o futuro exercício da profissão. Os estudantes aprendem, processam e integram informação em grupos de supervisão de, no máximo, dez alunos. Nesse grupo, são usados problemas (por escrito) de pacientes, sejam eles inventados ou reais, cujo caso seja relevante, sendo possível, assim, identificar necessidades teóricas e práticas de aprendizagem. Para facilitar a aquisição ativa de conhecimento e levar o aluno a se responsabilizar pelo que aprende, elabora-se um "panorama de estudo", que inclui recursos como biblioteca, vídeos e reconstruções anatômicas, além de grande variedade de livros, salas de estudo individuais ou pa-ra pequenos grupos.

O currículo oferece uma ampla variedade de enfoques pedagógicos:

- O grupo de supervisão no qual se realiza um trabalho com problemas escritos.
- Um trabalho com projetos e tarefas, seja com todo o grupo ou em grupos reduzidos. Ambos trabalham em parceria, dividindo responsabilidades e compilando informações de diferentes fontes em um único trabalho final, que será apresentado e receberá nota do professor e dos colegas.
- O aluno é introduzido em serviços de saúde por meio de viagens; visitas técnicas, de formação e de pacientes; visitas a associações de doentes e cuidadores. Os grupos de aprendizagem avaliam todas essas atividades e preparam os alunos para que informem sobre pacientes e outros assuntos relevantes. Considera-se o prontuário dos pacientes e a comunicação entre os médicos.
- São apresentados aos alunos os casos mais extensos, para que possam obter informação e ideias sobre a relação entre atendimento clínico e a organização social e do sistema de saúde. Um longo caso conduziria o aluno, passo a passo e em diversas reuniões, por todo o problema de determinado paciente. Por exemplo, um caso desse tipo pode começar com um doente que vai ao

médico de família, passa pelo hospital, recebe o diagnóstico correspondente para que sejam feitos exames, volta ao médico de família para mostrar-lhe os resultados, é encaminhado a um especialista, com mais diagnósticos, resultados e fila de espera antes de uma internação, mais complicações posteriores ao tratamento etc. Casos similares podem retratar, por exemplo, a gestão do atendimento de saúde ou de doenças crônicas.

- A formação das habilidades é importante, dado que os médicos devem estar preparados para o diagnóstico físico, o terapêutico, as noções básicas de laboratório e a comunicação. A aquisição dessas habilidades acontece nos respectivos laboratórios. Os alunos podem praticar individualmente, após a formação em grupo com professores do laboratório. São usados *slides,* fitas-cassete, filmes e vídeos como representações e modelos preparados para o ensino de habilidades específicas. Os estudantes também praticam essas destrezas entre eles, com pacientes simulados ou reais. A vantagem de ensiná-las no laboratório é que essa atividade pode ser planejada como melhor convenha no currículo. Conhecimentos teóricos e habilidades práticas se podem adquirir simultaneamente.

Na FdM, o "p" de ABP significa voltado para o *p*aciente; baseado em problemas e focada em projetos.

Sistema de avaliação

A avaliação é organizada de modo que interfira o mínimo possível na aprendizagem ativa e significativa. Há de se evitar que se decore a matéria visando apenas à aprovação. Para evitar esse comportamento, criou-se a "prova de evolução no curso", que faz uma avaliação acumulativa. A FdM tem dois tipos de testes de "conhecimento": a prova de evolução, independente do currículo, baseada em conhecimentos que os alunos deverão dominar ao final do curso. Os alunos fazem uma mesma avaliação quatro vezes ao longo do curso, independentemente do semestre que estejam cursando. A ideia é que acumulem conhecimentos com os anos de estudo, e que a cada ano obtenham uma qualificação superior. A prova de evolução abrange tantos temas que apenas a memorização não ajuda a superá-la, de modo que essa técnica deixa de ser interessante. As avaliações finais acumulativas foram adicionadas por várias razões; uma delas é que ajuda a identificar rapidamente os alunos com rendimento abaixo do esperado, sendo possível ajudá-los em suas dificuldades.

Para avaliar o desenvolvimento das habilidades dos alunos, como comunicação, análise clínica, procedimentos médicos ou prescrição de exames e interpretação dos resultados, organiza-se a cada ano o circuito de Avaliações Clínicas Estruturadas e Objetivas (ACEO), que em geral consiste em pequenas sessões de 5 a 10 minutos nas quais o aluno deve solucionar determinada situação, como um exame de joelho. Um examinador qualifica a atuação do aluno.

Avalia-se a conduta profissional em todas as etapas do currículo. Nos dois primeiros anos, os alunos devem ser aprovados nas avaliações das sessões de supervisão, aplicados por seus colegas e pelo supervisor, na metade e ao final de cada unidade. Também se avalia a conduta profissional ao longo do período de aquisição de habilidades e a relação com pacientes simulados.

A pasta de trabalhos que os alunos devem preencher foi melhorada recentemente, ao se tornar acumulativa e formativa. Trata-se de um instrumento de avaliação que permite ao aluno reunir informação que mostre uma imagem global dos pontos fortes e fracos de sua evolução no curso. Nessa pasta, os estudantes guardam os resultados de seu estudo e artigos sobre projetos, casos, apresentações e relatórios de contato com pacientes. No primeiro e no quinto anos, a pasta é usada para incentivá-los a refletir sobre seus objetivos de aprendizagem e experiências ao longo de sua formação e a considerar seu rendimento. No sexto ano, utiliza-se como ferramenta para avaliar as competências do aluno como "médico residente", durante o último período de residência, com base em avaliações dos supervisores.

Elaboração do currículo

O campo do conhecimento médico é vasto e não pode ser inteiramente contemplado em um currículo de seis anos. É preciso escolher o que é mais importante. Na FdM da Universidade de Maastricht, essas decisões são tomadas com base na epidemiologia (mortalidade, morbosidade e alguns problemas graves). O currículo está organizado em unidades de ensino de quatro a dez semanas cada, elaboradas por uma comissão de planejamento composta por membros do corpo docente com notável saber nos conteúdos da unidade e de outros campos do conhecimento. Há dois coordenadores: um para os três primeiros anos (fase de estudos técnicos), e outro para os três últimos (fase de bacharelado). Eles coordenam os conteúdos gerais do currículo. As diretrizes sobre conteúdos e linha de ensino são discutidas na comissão de graduação e na pró-reitoria de graduação, que comunica às diferentes faculdades as vagas disponíveis para professores comporem os grupos de planejamento das unidades de ensino. Esses professores são nomeados para três anos. Na FdM, dá-se muita importância à opinião dos alunos, o que significa que praticamente todas as comissões da faculdade têm representantes deles.

Garantia de qualidade

Como pioneira da ABP, a FdM foi objeto de análises minuciosas e teve de demonstrar o valor agregado de suas propostas pedagógicas. Daí o desenvolvimento dos complexos métodos para garantir a qualidade e medir os resultados. Além da avaliação dos alunos, deu-se muita atenção à avaliação de programas e processos. Alunos e supervisores avaliam cada unidade de ensino por meio de questionários de avaliação, que são processados e interpretados pelo departamento de desenvolvimento e pesquisa educacional. Os resultados são apresentados à comissão de planejamento de unidades, aos supervisores e à comissão de graduação. As críticas aos conteúdos, à organização ou a quaisquer outros assuntos das unidades são encaminhadas à comissão de planejamento, com o objetivo de aprimorar as unidades no ano seguinte. Os alunos avaliam os professores (por exemplo, em sua função de supervisor), que são questionados caso haja alguma observação mais grave em relação a eles – sempre buscando aperfeiçoar o que foi criticado. A FdM valoriza a criação de um ambiente acadêmico positivo e se esforça para alocar os professores em funções que os motivem, em vez de obrigá-los a desempenhar papéis que não lhes interessam.

Organização (gestão de ensino e corpo docente)

Os professores da FdM podem ser médicos ou especialistas com formação em outra área. A maioria dos médicos desempenha um papel fundamental no atendimento clínico, ensino e pesquisa; os demais se ocupam apenas com ensino e pesquisa. Todos os professores pertencem a um dos departamentos da faculdade. A FdM tem um modelo de organização matricial e é responsável pela seleção, continuidade e integração das disciplinas de seu currículo e também pelas avaliações. Seu papel principal se traduz em um sistema coerente de unidades interdisciplinares, avaliações unificadas dos alunos, avaliação dos programas e um projeto de aperfeiçoamento dos professores. Essa organização dá flexibilidade ao planejamento, à escolha de temas para as unidades de ensino e à atualização ou adaptação dos conteúdos. O modelo se ajusta perfeitamente à proposta da ABP, uma vez que, ao tratar um problema, permite considerar elementos de diversas disciplinas.

A comissão de graduação da faculdade é responsável pela avaliação do conteúdo, pelo formato e organização do programa. A gestão operacional do programa pedagógico, isto é, a coordenação e controle de sua aplicação, é incumbência do Instituto de Educação Médica, responsável pela composição do conselho de gestão, cujas responsabilidades foram descritas anteriormente. Esse instituto tem orçamento próprio para "contratar" professores de departamentos encarregados das comissões de planejamento de módulos, da supervisão etc. Isso também permite controlar a qualidade da contribuição pedagógica dos departamentos e tomar medidas quando necessário.

Há um plano de aperfeiçoamento docente pelo qual o professor deve passar antes de assumir determinadas funções. Como função entendemos supervisionar; participar da comissão de planejamento de unidades, comissão de graduação e comissão de avaliação; coordenar unidades, cursos ou fases; assessorar os alunos; elaborar e oferecer uma formação de habilidades; dar aulas de introdução a uma unidade ou corrigir concepções errôneas sobre temas complexos; determinar pontos para a avaliação etc.

Se o currículo profissional considerava, até então, apenas o trabalho científico, como a publicação de artigos ou bolsas de pesquisa, hoje também se valorizam os esforços pedagógicos.

A ABP hoje, na Universidade de Maastricht - O caso da Faculdade de Economia e Administração de Empresas[3]

Fatos e números (www.fdewb.unimaas.nl)

A missão da Faculdade de Economia e Administração de Empresas (FEeAE) é "ensinar e formar universitários, bacharéis e profissionais capazes de atuar com eficiência como economistas e administradores internacionais, com ideias que levem ao avanço do conhecimento e prática científicos, econômicos e de gestão. Com esses objetivos, a faculdade deixa sua contribuição para a sociedade em que se insere".

Criada em 1983, a FEeAE é a mais jovem faculdade do gênero nos Países Baixos. Ela oferece programas de ensino para obtenção dos títulos de técnico, bacharel e doutor, além de cursos de pós-graduação. Todos os programas, com exceção do de Economia Fiscal, são

---

3. Esta seção foi elaborada com base em uma entrevista com a dra. Jeannette Hommes, pedagoga do Departamento de Desenvolvimento e Pesquisa Educacional, da Faculdade de Economia e Administração de Empresas, na Universidade de Maastricht.

ministrados em inglês e incluem um intercâmbio obrigatório de um semestre em outro país. E todos eles ocupam o primeiro ou segundo lugar na classificação de programas semelhantes nos Países Baixos. Praticamente todas as unidades, desde o primeiro semestre do curso técnico, têm um sólido componente de pesquisa, que se reflete no material didático, na bibliografia e nas atividades realizadas em estudos de caso. A faculdade foi uma das poucas instituições holandesas que tiveram seus programas de estudos empresariais homologados pela Associação para o Avanço das Universidades de Ensino de Administração de Empresas (Association to Advance Collegiate Schools of Business – AACBSB International). Tem também a homologação do Sistema Europeu de Melhoria da Qualidade (European Quality Improvement System – Equis). O corpo docente conta com mais de trezentos professores e 3.750 estudantes em seus cursos técnicos e de bacharelado. Um terço dos professores é de nacionalidade holandesa. Quarenta e oito por cento dos alunos dos cursos técnicos são estrangeiros. A FEeAE tem uma rede internacional de 135 centros conveniados para intercâmbio na Europa e fora dela, que recebem anualmente cerca de quatrocentos alunos de sua faculdade. Além disso, conta com sete departamentos e oferece quatro programas (ver o quadro 2).

DEPARTAMENTOS	PROGRAMAS
▪ Contabilidade e gestão da informação	▪ Economia
▪ Economia	▪ Comércio exterior
▪ Desenvolvimento e pesquisa educacional	▪ Econometria
▪ Finanças	▪ Economia fiscal
▪ Mercadologia (Marketing)	
▪ Organização e estratégia	
▪ Economia quantitativa	

| **Quadro 2** | Programas da FEeAE.

Ponto de partida da aprendizagem na FEeAE

O princípio educacional mais importante para a FEeAE é de que os estudantes adquiram conhecimento de maneira ativa. A aprendizagem acontece em grupos reduzidos, com menos de catorze alunos que, além do mais, desenvolvem habilidades de exposição oral e escrita, leitura e resenha de artigos e busca de bibliografia no EBSCO (uma ferramenta de busca e acesso a publicações e bases de dados da área de economia e administração de empresas).

A Faculdade, criada em 1986, adotou desde o princípio o enfoque educacional usado na Faculdade de Medicina, com proposta multidisciplinar, inexistência de bibliografia prévia e prova de evolução no curso como único instrumento de avaliação acumulativa.

Por diversas razões, essa não foi a melhor opção. Constatou-se que o enfoque multidisciplinar não era tão fácil em um currículo com orientação mais variada que a do currículo de medicina. Às vezes, combinar conteúdos de diferentes disciplinas era complexo e artificial. Em alguns casos, a dificuldade de conciliar as diferentes personalidades do corpo docente não contribuía em nada para o enfoque multidisciplinar. Além disso, alunos e professores sentiam-se indefesos ao trabalhar sem uma bibliografia obrigatória; os estudantes usavam bibliografia muito superficial ou muito especializada; e a prova de evolução não funcionava nesse contexto. Diante disso, decidiu-se concluir cada unidade com uma avaliação acumulativa.

Como é normal que aconteça após os primeiros cinco anos, a reestruturação exigia um enfoque diferente. Houve uma mudança bastante radical, às vezes denominada "deixemos que brotem mil flores", para indicar que todas as disciplinas podiam fazer o que acreditassem ser o melhor para sua matéria, desde que o fizessem em grupos reduzidos. Lamentavelmente, uma mudança tão drástica significou uma oportunidade perdida: a maioria dos professores deixou de buscar sinergias e bases comuns e, por isso, os alunos tampouco podiam identificá-las. A economia e o comércio do mundo real não estavam bem representados. Era difícil ter uma visão geral das sobreposições e lacunas do currículo – ou da aquisição de conhecimentos. Assim, pode-se afirmar que, naquele momento, tal situação resultou em prejuízo para a aprendizagem significativa.

Contexto educativo e enfoques pedagógicos atuais

Na FEeAE, o ponto de partida das atividades pedagógicas eram os grupos formativos reduzidos, de no máximo catorze alunos, que supostamente participavam ativamente de seu processo de aprendizagem. O "p" de ABP refere-se, em nosso caso, a problema, projeto, apresentação (exposição) ou prática, como formas de aprendizagem ativa.

No primeiro ano, a ABP é aplicada seguindo os "sete saltos" (já definidos neste capítulo). No segundo e terceiro anos do curso técnico, o sistema de ensino depende muito das preferências pessoais do coordenador de unidade, e a proposta pedagógica varia de uma unidade para outra. De qualquer forma, os alunos devem trabalhar sempre em grupos.

Vejamos alguns exemplos:

- Definem-se o tema de cada atividade e a bibliografia básica. Um grupo reduzido de dois ou três alunos fica incumbido de buscar bibliografia adicional. O grupo tem de encontrar a melhor maneira de trabalhar ativamente com o material e discutir o tema. Na maioria dos casos, tudo isso se traduz em apresentações em PowerPoint. Pode-se organizar um concurso. O supervisor qualifica a produção dos estudantes, que, ao final da unidade, fazem uma avaliação acumulativa.
- Os alunos formam pequenos grupos nos quais se define e analisa um caso, cujos resultados são entregues por escrito ao coordenador da unidade.
- Aprendizagem baseada em problemas (principalmente no primeiro ano e metade do segundo), com o uso dos "sete saltos", às vezes combinado com o trabalho de projeto.

- Projetos. Exemplo: pede-se aos alunos que realizem um estudo de mercado. Após revisar a teoria sobre esse estudo, em grupos de ABP, devem aplicá-lo em empresas internacionais reais. Isso requer a elaboração de um questionário, a ser entregue a, pelo menos, 150 pessoas ou entidades, metade delas de fora dos Países Baixos. Os resultados devem ser processados com o programa estatístico SPSS. É preciso redigir um relatório e apresentá-lo. Os alunos que se sobressaem são escolhidos para apresentar os demais relatórios às empresas envolvidas no estudo.
- Prática/projetos. Exemplo: na unidade de aprendizagem cognitiva e aquisição de conhecimentos, os alunos devem escolher uma unidade educativa paralela; devem fazer análises SWOT (Virtudes, Problemas, Oportunidades e Riscos), com embasamento teórico; compilar informações por meio de entrevistas com estudantes, professores e pessoas relacionadas com a unidade; escrever um relatório conclusivo indicando os pontos fortes e fracos e sugerindo melhorias; apresentar tais conclusões aos colegas e ao coordenador da unidade analisada. A teoria necessária para o projeto se aprende em grupos de ABP que trabalham paralelamente com o projeto.

Sistema de avaliação

No primeiro ano, as normas e diretrizes de avaliação são claramente regulamentadas. Ao final de cada unidade, faz-se uma prova com questões dissertativas e de múltipla escolha. Os estudantes têm de participar das reuniões de supervisão e obter resultado satisfatório (avaliado pelo supervisor) em pelo menos 75% dos grupos de aprendizagem. Toda a formação nas habilidades, integrada a uma unidade, deve receber, pelo menos, a nota mínima para aprovação. Nos últimos anos, criaram-se muitos tipos de avaliação, que dependem da linha pedagógica da unidade. Os coordenadores geralmente preferem perguntas que exijam uma dissertação como resposta.

Elaboração do currículo

Todos os departamentos elaboram um plano teórico que especifica as unidades oferecidas no ano seguinte. Esses planos são apresentados ao conselho de avaliação, presidido pelo diretor e formado pelos coordenadores dos cursos técnicos e de bacharelado, e um representante dos alunos, que os analisa e envia parecer ao corpo docente.

Garantia de qualidade

Ao final de cada unidade, os alunos devem preencher os formulários de avaliação, com um número fixo de perguntas, similares para cada unidade, sobre a qualidade da experiência de aprendizagem das últimas semanas. Adiciona-se um máximo de seis perguntas referentes especificamente à unidade que acabam de concluir. Atualmente a avaliação vem sendo feita eletronicamente, em caráter experimental. Os alunos recebem o questionário por e-mail. Um professor processa toda a informação e prepara um relatório, que é colocado na rede, à disposição de todos, e analisado pelo coordenador da unidade, pelo diretor e pela comissão de graduação. O pedagogo entra em contato com os supervisores que não tenham alcançado a nota mínima mais de uma vez e se dispõe a ajudá-los. Uma vez por ano, faz-se uma reunião, da qual todos os professores participam, para avaliar a qualidade de seu trabalho. O relatório de avaliação pode se utilizar como material de debate. Atualmente, a FEeAE trabalha no aperfeiçoamento do ciclo de qualidade e, para isso, desenvolve a espiral de retroalimentação e define os responsáveis por esse ciclo.

Gestão do ensino e do corpo docente

Quando se levou a cabo o sistema de estudos técnicos e de bacharelado, introduziu-se uma melhora importante no sistema de ensino. Organizaram-se reuniões com coordenadores de unidade, pedagogos e diretores do programa, visando adequar os conteúdos (evitando sobreposições, lacunas e sobrecarga de conhecimentos), proposta educativa, métodos de avaliação e formação de habilidades. Isso também foi feito na segunda parte do curso técnico e do bacharelado. Cada disciplina principal podia ter um coordenador de curso ou de acompanhamento que garantisse o bom andamento do programa. É importante que os professores conheçam bem a temática da educação. Foi de grande ajuda o apoio do diretor ao trabalho de pedagogos e professores, ao permitir que trabalhassem de acordo com essa ideia. Os coordenadores continuam tendo bastante autonomia na elaboração das unidades, mas sempre dentro dos princípios educacionais definidos previamente.

O modelo econômico é estruturado de modo que se paga aos departamentos conforme o número de beneficiados pelas disciplinas oferecidas (número de unidades e grupos de ensino que tenham participado das aulas). Esse sistema pode gerar competição entre os departamentos e não fomenta necessariamente a cooperação, que representa o aperfeiçoamento de um currículo integrado. Os professores podem desempenhar o papel de supervisor, coordenador de unidade, supervisor de tese e professor propriamente dito. Poucos deles participam da organização logística de grupos educativos e de outras concepções.

Na FEeAE, todos os professores assumem tarefas educativas, independentemente de sua experiência ou posição anteriores ao ingresso na faculdade. Também têm de participar de um programa de aperfeiçoamento profissional, que inclui a missão pedagógica da faculdade, detalhes da ABP, a base teórica, o papel do supervisor e formação prática para essa função; isso seguido de um vídeo sobre o trabalho a ser realizado, sobre autorreflexão e retroalimentação. Entre outros modelos formativos, citaremos os de gestão da diversidade em uma turma com alunos de vários países, incidentes graves em grupos de supervisão, habilidade teatral para professores, formulação de perguntas etc.

Conclusão

A ABP é um conceito que contém diversas formas de se criar oportunidades de aprendizagem para os alunos. O mérito está em decidir com clareza o que se pretende conseguir com o ensino universitário e ter em conta a teoria pedagógica. É importante perceber que os elementos das atividades pedagógicas atuais podem respaldar ou frustrar, na mesma medida, a proposta educativa. Esta inclui avaliação, recursos de aprendizagem, planos de aperfeiçoamento e formação de professores, estrutura organizacional, gestão e condições econômicas das faculdades, possibilidades profissionais para o docente baseadas em atividades de ensino e muitos outros elementos. Geralmente acontece de nem todos esses elementos se adaptarem a um formato ideal. Contudo, é importante saber que efeitos podem produzir.

Bibliografia

FACULDADE de Economia e Administração de Empresas: <http://www.fdewb.unimaas.nl>.
FACULDADE de Medicina: <http://www.fdg.unimaas.nl>.
GIJSELAERS, W. "Connecting problem-based practices with educational theory". *New directions for teaching and learning*, n. 68, 1996, p. 13-21.
GLASER, R. "The maturing of the relationship between the science of learning and cognition and educational practice". *Learning and Instruction*, v. 1, 1991, p.129-44.
MOUST, J. H. C.; VAN BERKEL, H. J. M.; SCHMIDT, H. G. "Signs of erosion: reflections on three decades of problem-based learning at Maastricht University". *Higher Education*, n. 50, 2005, p. 665-83.
RAMSDEN, P. *Improving learning: new perspectives*. Londres: Kogan Page, 1988.
ROEBERTSON, H. *MHPE Educational Guide Unit 1*. Universidade de Maastricht, 2006.
SCHMIDT, H. G. "Foundations of problem-based learning: some explanatory notes". *Medical Education*, n. 27, 1993, p. 422-32.
SCHMIDT, H. G. "Problem-based learning: Rational and description". *Medical Education*, n. 17, 1983, p. 11-6.
STEENKAMP, F.; DE LOOPER, H.; BLIEKENDAAL, M. (orgs.). *Keuzegids Hoger Onderwijs 2006-2007*. Leiden: Hoger Onderwijs Persbureau, 2006.
UNIVERSIDADE de Maastricht: <http://www.unimaas.nl>.

4 COMUNIDADE, CONHECIMENTO E RESOLUÇÃO DE PROBLEMAS: O PROJETO ACADÊMICO DA USP LESTE

ULISSES F. ARAÚJO
VALÉRIA AMORIM ARANTES
Universidade de São Paulo

Introdução

A Universidade de São Paulo (USP) foi criada em 1935 tendo, dentre os objetivos enunciados por seus fundadores, a produção de conhecimentos relevantes para a sociedade brasileira, bem como levar nossa ciência a um nível de qualidade reconhecido internacionalmente. Passados setenta anos de sua fundação, a USP se destaca hoje como uma das mais importantes instituições de ensino e pesquisa da América Latina.

Em dados globais de 2005, a USP atende a 77 mil estudantes, dos quais 45 mil são de graduação e 32 mil de pós-graduação. Para isso, possui 5 mil docentes e 15 mil funcionários. Em suas três unidades de ensino e pesquisa, oferece 202 cursos de graduação e 220 programas de pós-graduação, recebendo, a cada ano, 8 mil novos estudantes. Como último dado, ressalta-se que em torno de 30% das teses de doutorado brasileiras são defendidas na USP.

No marco das comemorações de seus setenta anos, a USP decidiu pela criação de um novo campus na cidade de São Paulo. Essa nova unidade deveria representar e consagrar, ao mesmo tempo, a consolidação de sua tradição acadêmico-científica e apontar para novos caminhos e perspectivas de organização do ensino superior e produção de conhecimento, demonstrando seu compromisso com a inovação e com os avanços sociais, tecnológicos e científicos da sociedade contemporânea. Assim nasceu, em 2005, a USP Leste, depois chamada oficialmente de Escola de Artes, Ciências e Humanidades (EACH), após três anos de planejamento e execução que contaram com a participação de mais de cem docentes e centenas de funcionários da universidade.

A região escolhida para implantar o novo campus foi a zona leste da cidade de São Paulo, com 4,5 milhões de habitantes, o IDH mais baixo da cidade e uma grande carência de equipamentos públicos de infraestrutura social. A criação de uma universidade na região era objeto de demandas que datam da década de 1980, organizadas pelos atuantes movimentos sociais da região.

Essas informações que introduzem o presente capítulo serão importantes para se compreender as características do projeto acadêmico da USP Leste. A busca pela inovação e o estabelecimento de fortes vínculos com a comunidade onde está sendo implantada constituem-se como dois dos principais eixos de sua missão política, social e científica.

A Escola de Artes, Ciências e Humanidades (USP Leste)

Desde o início da concepção de seu projeto acadêmico, o grande desafio da EACH sempre foi assegurar o elevado padrão de pesquisa, ensino e extensão universitária da USP. Ao mesmo tempo, as pessoas envolvidas com o projeto tinham claro que a sociedade contemporânea cobra da universidade, e dos profissionais por ela formados, uma preocupação com a cidadania, com a busca de soluções para os problemas sociais e uma maior articulação entre os conhecimentos científicos e os interesses cotidianos da maioria da população.

A base de sustentação do projeto acadêmico e seu maior diferencial foi a criação de um ciclo básico, com um ano de duração e comum aos 1.020 alunos que ingressam a cada ano na nova unidade, em dez cursos de diferentes áreas de conhecimento: ciências da atividade física, gerontologia, gestão ambiental, gestão de políticas públicas, lazer e turismo, ciências da natureza, marketing, obstetrícia, sistema de informação e têxtil e moda.

As turmas do ciclo básico da EACH são compostas de sessenta alunos e alunas que, na maior parte do tempo, estudam em classes multicursos, convivendo e desenvolvendo trabalhos acadêmicos com colegas de diferentes áreas de conhecimento. Assim, na composição de cada turma e no desenvolvimento de projetos podemos encontrar estudantes de cursos variados, por exemplo: têxtil e moda, obstetrícia, gerontologia, ciências da atividade física e lazer e turismo.

Com a intenção de atingir os objetivos descritos e de promover a inter, trans e multidisciplinaridade, o protagonismo e a autonomia dos estudantes e sua formação profissional e científica, o ciclo básico foi organizado sob três eixos centrais, distribuídos nas vinte horas de aulas semanais, presenciais, que cada aluno deve frequentar:

1. **Formação introdutória no campo específico de conhecimentos de cada curso:** os estudantes fazem algumas disciplinas introdutórias de seu curso, que tem como objetivo levá-los a tomarem contato com as bases conceituais de sua profissão, permitindo que comecem a conhecer o campo profissional que escolheram desde o início de seus estudos. São oito horas de aula semanais.

2. **Formação geral:** o objetivo deste eixo é dar aos estudantes da USP Leste uma formação geral ampla. Para tanto, foi planejada uma formação integrada nas áreas de ciências naturais, das humanidades e das artes, fundamentadas nas bases filosóficas do conhecimento científico, das relações sociedade-natureza, dos aspectos socioculturais da sociedade contemporânea e em noções de direitos humanos e cidadania. Dessa maneira, todos os 1.020 estudantes devem cursar obrigatoriamente, durante o primeiro ano, as seguintes disciplinas: sociedade, multiculturalismo e direitos; sociedade, meio ambiente e cidadania; arte, literatura e

cultura no Brasil; psicologia, educação e temas contemporâneos; análise de dados/informações; e ciências da natureza. Além disso, em disciplinas optativas, podem cursar matérias como práticas de cidadania; cultura, criatividade e comunicação; história das artes; saúde e atividade física; cultura digital e cultura livre; e interpretações do Brasil. Nesse segundo eixo, frequentam oito horas de aulas semanais.

3. **Formação científica e profissional por meio da resolução de problemas (RP)**: partindo dos princípios da aprendizagem baseada em problemas (ABP) e do papel de protagonista do estudante na construção do conhecimento, este terceiro eixo do currículo tem um papel central no projeto acadêmico da USP Leste. Ele busca a articulação entre teoria e prática, entre conhecimentos científicos, cotidiano social e construção de valores de ética e de cidadania. Os trabalhos de tutoria de RP ocupam quatro horas de aulas semanais e, devido a sua importância no projeto, detalharemos seu funcionamento adiante.

Nessa tríade que articula disciplinas específicas, disciplinas multi e interdisciplinares e uma sólida formação científica e cultural, encontra-se a base de um projeto que pretende propiciar aos estudantes da EACH uma visão abrangente e contextualizada da sociedade e uma perspectiva mais ampla sobre os fenômenos com os quais terão de lidar no mundo acadêmico e profissional.

Com esse desenho curricular, pretende-se atingir os seguintes objetivos:

- Buscar uma forte formação acadêmica e científica dos estudantes.
- Favorecer o protagonismo e a autonomia dos estudantes e de seu grupo de colegas na compreensão da complexidade dos fenômenos naturais, sociais e culturais.

- Propiciar intercâmbio e cooperação entre profissionais e estudantes envolvidos na resolução de problemas.
- Buscar a interação e o compartilhamento de ideias, opiniões e explicações entre os envolvidos nos projetos, pesquisas e estudos.
- Aproximar a universidade da comunidade em que está inserida.

A seguir, esperamos poder demonstrar como tais objetivos são trabalhados de forma intensa por meio dos projetos de resolução de problemas, baseados na perspectiva da aprendizagem baseada em problemas.

A aprendizagem baseada em problemas (ABP) e o projeto da EACH

A vasta experiência da Universidade de São Paulo em programas de iniciação à pesquisa para seus estudantes de graduação e no desenvolvimento de projetos interdisciplinares levou-a a propor a adoção da aprendizagem baseada em problemas como uma das bases para a organização curricular no novo campus.

Um grupo de docentes que atuava na formulação do projeto acadêmico da nova unidade buscou referências internacionais em instituições que adotavam a ABP em sua organização curricular. Nesses estudos, notou-se uma enorme variação nas formas de se compreender e implementar a ABP. Percebeu-se, no entanto, que as bases teóricas (J. Piaget, L. Vygotsky, J. Dewey, K. Lewin e J. Bruner) e o princípio de se focar a aprendizagem dos alunos, e não o ensino, eram comuns à maioria das instituições. O protagonismo/ação do sujeito que aprende sobre os objetos de conhecimento, uma estrutura de ensino-aprendizagem que tem a experiência como base de sustentação e o desenvolvimento da autonomia dos estudantes estão entre os eixos de sustentação da maioria das universidades que trabalha na perspectiva da ABP.

No processo de formulação da proposta acadêmica da EACH e dos estudos sobre as principais experiências de ABP, decidiu-se por visitar as Universidades de Aalborg, na Dinamarca, e Maastricht, na Holanda, criadas na década de 1970 e que passaram a ser referência importante em todo o mundo pelos trinta anos de experiência acumulada em ABP em várias áreas de conhecimento. A visita a essas instituições forneceu bases importantes para a construção do modelo de ABP adotado pela EACH e, principalmente, os princípios de POPBL (Project-Oriented and Problem-Based Learning), adotados pela Universidade de Aalborg, tiveram maior influência.

Justificando o modelo proposto em Aalborg, Jensen e Hansen (2004) procuram mostrar que o trabalho com projetos, além de ser a forma com que a maioria das empresas, públicas e privadas, vem organizando sua estrutura operacional, ao ser introduzido como estratégia de aprendizagem, motiva os estudantes e aumenta sua atividade. Além disso, assegura um aprendizado mais profundo sobre os temas investigados e, devido ao relatório que deve ser produzido ao final do projeto, melhora as habilidades dos estudantes no registro documental e na análise das informações.

Percebeu-se, nos estudos feitos, que a aprendizagem baseada em problemas, articulada com a Aprendizagem Orientada por Projetos, muda o princípio tradicional adotado pelo PBL na maioria das instituições, de uma aprendizagem centrada exclusivamente no aluno, passando a uma visão mais coletiva de aprendizagem, por envolver problemas articulados com projetos mais amplos, que devem ser estudados e enfrentados colaborativamente em equipe. Esta passou a ser a matriz da organização dos trabalhos em resolução de problemas adotada pela EACH.

Devido à estrutura do ciclo básico da EACH, às experiências acumuladas pela Universidade de São Paulo em seus setenta anos e à realidade cultural acadêmica brasileira, o modelo adotado pela EACH no trabalho com ABP assumiu um caráter singular: insere-se como uma parte do currículo, articulado com disciplinas tradicionais específicas e outras interdisciplinares. Assim, nosso currículo reconhece a ABP como uma abordagem que traz inúmeras vantagens para a formação de nossos estudantes, mas reconhece, também, que aulas expositivas tradicionais e outras formas metodológicas de se trabalhar o conhecimento podem conviver simultaneamente no mesmo currículo, enriquecendo o projeto acadêmico.

Vejamos, a seguir, como se dá o trabalho de resolução de problemas em nosso projeto acadêmico.

Os projetos de resolução de problemas (RP) na EACH

Adotando princípios comuns à maioria das propostas da aprendizagem baseada em problemas, os processos acadêmicos de resolução de problemas da EACH envolvem grupos de estudantes que atuam da seguinte maneira:

- Identificando problemas na realidade científica e cotidiana.
- Discutindo um problema particular.
- Utilizando seus próprios conhecimentos e experiências, com o auxílio de professores e outros meios, na busca de respostas para o problema abordado.
- Levantando uma série de hipóteses que podem explicar e resolver o problema.
- Procurando investigar as hipóteses apontadas e apontar possíveis respostas e/ou soluções.
- No final do processo, preparando um relatório acadêmico contendo reflexões teóricas e análises sobre o problema estudado e socializando os resultados do projeto desenvolvido com o coletivo da classe.

Um diferencial em nosso projeto acadêmico do ciclo básico e do RP está na busca por aproximar os estudantes do mundo da pesquisa, levando-os a experienciar o desafio de construção e de elaboração de problemas e de projetos de pesquisa. Isso lhes permite desenvolver uma maior competência científica e uma maior facilidade no desenvolvimento das atividades curriculares nos anos seguintes de sua formação acadêmica. Assim, os problemas que pautarão sua aprendizagem durante o primeiro ano de estudos universitários não são propostos pelo corpo docente, mas construídos pelo grupo de alunos e alunas com base em temáticas amplas, gerais, elaboradas pela instituição.

Deve-se salientar que os temas elaborados pela instituição não devem ser confundidos com os problemas a serem estudados, apesar de sua evidente vinculação. Os temas são abrangentes e deles saem os problemas, específicos, a serem estudados. Tal diferenciação é importante para se compreender que sempre trataremos dessas duas dimensões na organização do trabalho na EACH: teremos os temas centrais e os problemas deles derivados, que serão efetivamente discutidos, estudados e trabalhados por meio de projetos.

Em outra perspectiva de abordagem, dentro do mesmo semestre as atividades de resolução de problemas podem ter perfis diferentes. Por exemplo, enquanto alguns grupos podem ter objetivos mais conceituais, de aproximação e compreensão do fenômeno estudado, outros grupos podem assumir um caráter mais prático e até mesmo de intervenção, em que os estudos e pesquisas culminem com o desenvolvimento de ações concretas e processos que levem ao enfrentamento efetivo do problema estudado. Entendemos essa diversidade no trabalho de RP como fundamental em uma unidade que congrega estudantes e docentes de diferentes campos de conhecimento e interesse. Com isso, evitamos uma homogeneização das formas de produção científica e um excesso de rigidez metodológica que pode engessar a criatividade e o poder de decisão de nossos estudantes.

Passemos, a seguir, a explicar o funcionamento das atividades de resolução de problemas.

Tema geral

Os temas gerais a serem tratados em resolução de problemas deverão estar relacionados com temáticas, como: o fortalecimento da cidadania, a resolução de problemas sociais e a articulação entre os conhecimentos científicos e os problemas cotidianos. Para exemplificar, os seguintes temas gerais foram adotados pela EACH em seus três primeiros anos de funcionamento: cidadania e desigualdades; qualidade de vida e ocupação espacial; tecnologia e sociedade; valores e preconceito; prazeres e diversidade; universidade, conhecimento e comunidade; globalização, culturas locais e educação; saúde e bem-estar.

A organização dos temas obedece aos seguintes parâmetros:

- Em cada semestre são apresentados aos estudantes três temas gerais, que dão origem aos problemas que serão abordados pelas diversas turmas. No primeiro semestre, os três temas são propostos pelos docentes e, no segundo, os estudantes também podem propor temas para os estudos.
- Devido à composição das turmas, com estudantes oriundos de vários cursos, os temas gerais buscam ser abrangentes e abertos o suficiente para permitir seu estudo sob várias perspectivas.
- Cada turma deve escolher, no primeiro dia de aula, um dentre os três temas propostos.

Os problemas e sua organização

Vejamos, a seguir, como são organizados os estudos com resolução de problemas:

- Cada turma de RP é constituída por sessenta estudantes de cinco cursos diferentes, reunidos em grupos de seis estudantes de cursos diferentes no primeiro semestre e por estudantes de um mesmo curso no segundo semestre.

- Assim, cada turma é composta de dez grupos de seis estudantes de cursos diferentes que, sob supervisão docente, elaboram problemas de pesquisa que deverão contribuir para a compreensão dos fenômenos relacionados com o tema geral escolhido pela turma.
- As aulas de resolução de problemas são alternadas entre encontros coletivos dos sessenta estudantes e encontros dos grupos de seis estudantes.
- As aulas coletivas (em torno de quatro no semestre) têm, dentre outras funções, a responsabilidade de socializar os conhecimentos produzidos e trabalhar aspectos mais gerais do tema escolhido pela turma, por meio de aulas expositivas, conferências, mesas-redondas, debates, simpósios, exibição de filmes, socialização de dados etc.
- Os encontros de tutorias nos pequenos grupos (em torno de doze no semestre) têm como meta, dentre outras funções, elaborar as estratégias de ação e buscar coletivamente resoluções para os problemas estudados.
- Cada turma de resolução de problemas conta com cinco professores tutores, sendo cada um responsável por dois grupos de seis estudantes.

O funcionamento das aulas de RP

Pela característica do trabalho com RP adotada pela EACH e a complexidade dos fenômenos naturais, sociais e culturais a serem estudados com base nos temas gerais propostos, não existe uma única maneira de se organizar o funcionamento das aulas. Como afirmado anteriormente, existe bastante flexibilidade na forma de organização das aulas, e cada grupo de professores envolvido com cada turma elabora a própria estratégia. Em linhas gerais, no entanto, existem três momentos essenciais que devem ser respeitados por todos:

- Aproximação ao tema, elaboração de um problema e sua análise.
- Desenvolvimento de ações que levem à resolução do problema.
- Socialização dos conhecimentos produzidos e produção do relatório.

Apresentamos, a seguir, a forma de referência indicada pela EACH para que as turmas desenvolvam seu trabalho e cheguem ao final do semestre com os objetivos cumpridos:

Fase 1: Análise do problema e planejamento da pesquisa

- **Aproximação da temática a ser estudada:** apresenta-se aos estudantes uma visão geral ou o *estado da arte* sobre a temática a ser estudada, por meio de uma conferência, aula expositiva ou apresentação de algum filme ou peça de teatro. Tal atividade cumpre a função de despertar o interesse dos estudantes para com o tema a ser trabalhado e de apontar lacunas que solicitem pesquisas para a compreensão do fenômeno.
- **Elaboração do problema pelo grupo:** uma segunda etapa, fundamental para o bom desenvolvimento das atividades, é a elaboração do problema a ser estudado. Em resolução de problemas, para que haja aprendizagem real e envolvimento docente e discente, considera-se que o bom problema seja aquele que nem os estudantes e nem os professores sabem a resposta. Isso leva à criatividade e à produção de novos conhecimentos, evitando a simples reprodução de trabalhos anteriores. Ao mesmo tempo, os problemas devem ser simples e objetivos, de forma a evitar o desvio do tema a ser estudado. Devem ser, também, motivadores e interessantes para o grupo envolvido com o trabalho. Vale a pena ressaltar que no desenvolvimento do projeto o problema inicial pode sofrer ajustes e mudanças em decorrência da realidade encontrada durante seu estudo, como ocorre em diversas pesquisas científicas. Por fim, na medida do possível, incentivam-se

os grupos a elaborar problemas relacionados com a comunidade próxima ao campus.

- **Mapeamento e busca de informações sobre o problema:** elaborado o problema, um passo essencial na resolução de problemas consiste em organizar ações que levem os estudantes a refletirem e apontarem seus próprios conhecimentos e experiências sobre o problema.

- **Elaboração de hipóteses que auxiliem na compreensão do fenômeno:** antes de partir para os estudos que levem à busca de possíveis resoluções do problema, deve-se registrar as hipóteses iniciais que podem, inclusive, direcionar os passos seguintes.

- **Definição das estratégias para se responder ao problema:** deve haver um espaço para o estabelecimento das estratégias e o planejamento das ações que cada membro e o grupo como um todo adotarão para resolver o problema, considerando o tempo disponível.

- **Definição do projeto de pesquisa:** os projetos de resolução de problemas não são uma iniciação científica em seu sentido estrito e não devem ser confundidos com projetos de mestrado e de doutorado, pois estamos trabalhando com alunos recém-saídos do ensino médio. Eles se propõem a desempenhar um papel de aproximação dos estudantes com o mundo da pesquisa científica e, ao mesmo tempo, exercitar o raciocínio científico e a criatividade na compreensão e busca de respostas a fenômenos sociais, culturais e naturais. Como uma boa estratégia para se alcançar esses objetivos e auxiliar os estudantes na sistematização de um trabalho científico-acadêmico, a última etapa desta primeira fase solicita aos grupos que sintetizem os passos anteriores em um projeto de pesquisa. Como referência, o projeto deve conter:

  - Resumo
  - Introdução e justificativa, com síntese da bibliografia fundamental

- Objetivos
- Plano de trabalho e cronograma de sua execução
- Material e métodos
- Forma de análise dos resultados

Fase 2: Desenvolvimento de ações que levem à resolução do problema

- **Desenvolvimento de estudos, pesquisas e intervenções:** nesta etapa, os grupos devem desenvolver estudos e pesquisas necessários para trabalhar o problema em questão, visando a uma melhor compreensão do problema estudado e sua possível resolução. À medida que o problema elaborado permite, incentivam-se os estudantes a desenvolver os estudos e a coleta de dados em espaços e equipamentos públicos no entorno do campus, buscando conectar o RP com a realidade da comunidade local.

Fase 3: Produção do relatório científico

- **Socialização dos resultados e produção do relatório científico:** a última etapa do trabalho de resolução de problemas vincula-se à socialização, com os demais grupos e com os professores tutores, dos conhecimentos produzidos. Para isso, deve-se elaborar e apresentar um relatório acadêmico-científico que demonstre a trajetória dos trabalhos desenvolvidos e os resultados produzidos pelos estudos e pesquisas realizados durante o semestre.

Na organização proposta e com a flexibilidade que lhe é inerente, como dito anteriormente, as aulas coletivas das turmas de RP se alternam com os encontros dos grupos de trabalho. As aulas coletivas têm a função de socializar os conhecimentos produzidos até determinado momento do semestre, ao mesmo tempo que ajudam a trazer discussões que ampliem os referenciais sobre os temas em questão, enriquecendo as possibilidades de resolução dos problemas estudados.

Esse "ir e vir" entre os encontros da turma e dos grupos de trabalho é o que permite a interação entre os conhecimentos específicos sobre um tema e sua visão mais abrangente, com base na perspectiva de que esse mesmo tema é estudado por dez grupos de dez maneiras distintas. Isso garante que os fenômenos estudados sejam percebidos sob diversas perspectivas ou matizes, complementares, não complementares ou, até mesmo, paradoxais.

Avaliação em RP

A avaliação ocupa um papel central na preocupação dos docentes envolvidos com RP na USP Leste, e a cada ano estamos aprimorando as estratégias e os modos de empregá-la no ciclo básico. Nossas reflexões e nossos experimentos buscam um equilíbrio entre uma perspectiva processual e formativa com relação aos conteúdos estudados e uma outra perspectiva de promover a formação de nossos alunos e alunas para o desenvolvimento de competências para: a) o convívio social; b) a organização dos tempos de estudo e desenvolvimento de projetos; c) elaboração de procedimentos de comunicação pública em linguagens científica e cotidiana; e d) aquisição de autoconhecimento e senso de responsabilidade social.

Para se atingir esses objetivos, a avaliação de RP está estruturada da seguinte maneira:

- Cada grupo tem de produzir, ao longo do semestre, um relatório científico parcial e um relatório científico final. Cada um desses relatórios é avaliado pelo professor-tutor, pelos estudantes e pelos demais professores da turma, e a média obtida em cada avaliação compõe a média final de cada estudante.

- Os relatórios são socializados em seminários, quando são apresentados pelos estudantes aos cinco professores da turma e para os demais colegas.
- O relatório parcial compõe 30% da nota final e o relatório final 70%. Cada uma dessas duas notas é composta por avaliações feitas pelo professor-tutor, pelos demais professores da turma, pela autoavaliação do estudante e pela avaliação que o grupo faz de cada estudante.
- O professor-tutor atribui uma nota coletiva para cada grupo, que tem peso 5, baseado no relatório científico do grupo. Também atribui uma nota individual a cada aluno, com peso 10, baseada em sua participação, responsabilidade e desempenho no desenvolvimento do trabalho.
- Nos seminários de apresentação dos relatórios parcial e final, os demais quatro professores-tutores da turma (excluído o tutor do grupo) atribuem uma nota coletiva para a apresentação de cada grupo, podendo considerar: a qualidade da apresentação oral e da apresentação estética; o conteúdo do material disponibilizado; as respostas às perguntas feitas por sorteio aos membros do grupo; e a qualidade do relatório impresso. É calculada a média das quatro notas dadas pelos professores da banca e o valor encontrado tem peso 3.
- Em um encontro coletivo do grupo de seis estudantes com o tutor, cada aluno faz uma autoavaliação (que tem peso 1), baseado em sua participação, seu respeito ao grupo, sua responsabilidade e seu desempenho no desenvolvimento do trabalho. Como uma segunda etapa dessa reunião, o grupo dá uma nota para cada aluno, discutida coletivamente e baseada nos mesmos critérios anteriormente citados.
- Toda essa complexa rede de informações e avaliações está organizada em uma fórmula, que busca sintetizar seus resultados, traduzindo-os em conceitos que variam de 0,0 a 10,0.

A fórmula empregada é a seguinte:

Média 1 (relatório parcial):
___ × 10 (nota individual tutor) + ___ × 5 (nota do tutor ao relatório científico) + ___ × 1 (nota individual aluno) + ___ × 1 (nota do grupo ao aluno) + ___ × 3 (média das notas dos professores no seminário) ÷ 20 x 0,3 = Média 1.

Média 2 (relatório parcial):
___ × 10 (nota individual tutor) + ___ × 5 (nota do tutor ao relatório científico) + ___ × 1 (nota individual aluno) + ___ × 1 (nota do grupo ao aluno) + ___ × 3 (média das notas dos professores no seminário) ÷ 20 x 0,7 = Média 2.

Média final (MF) = Média 1 + Média 2.

Antes de finalizar este capítulo, gostaríamos de apresentar pequenos resumos de alguns trabalhos que foram desenvolvidos em RP nos dois primeiros anos de funcionamento da USP Leste. Eles podem dar uma ideia da riqueza do conhecimento produzido por nossos alunos e alunas de primeiro ano na universidade e sua forte vinculação com temáticas relacionadas com a cidadania e a comunidade do entorno da universidade[1]:

Análise da eficiência da inclusão digital nos telecentros de São Paulo
Autores: Guilherme Salles, Jaime Hoshino, Marcos Chen Chang, Marcos Ribeiro, Rafael Moraes e Ricardo Feitosa.

---

1. Vejam no título de alguns dos trabalhos a referência a bairros no entorno da USP, onde os trabalhos foram desenvolvidos. Jardim Keralux é o bairro/favela ao lado do campus, e Itaim Paulista é um bairro da zona leste da cidade, próximo ao campus.

Resumo: o estudo verificou, por análises qualitativas, como está funcionando o programa Telecentro, na cidade de São Paulo, no tocante à sua missão de alfabetizador digital.

Como é a criação e produção de vestuário nas oficinas de costura no Itaim Paulista?
Autores: Anita Fabbri, Bianca Navarro, Kledir Salgado, Lais Kohan, Lissa Rodrigues e Priscila Araújo.

Resumo: com o tema "Cidadania e desigualdades", o trabalho trata da criação e produção de vestuário pelas oficinas de costura do Itaim Paulista (zona leste de São Paulo), buscando construir um panorama sobre a aplicação da criatividade dos costureiros e analisando sua inserção na cadeia de produção do vestuário.

A tecnologia assistiva aplicada ao ensino de deficientes visuais
Autores: David Santos, Marcelo Amaral, Omar Abdo, Patricia Egri e Renato Miyabara.

Resumo: a pesquisa traz uma análise de recursos assistivos (*software* e *hardware*) utilizados por deficientes visuais na vida cotidiana e nos espaços educativos, buscando conhecê-los e caracterizá-los como ferramentas úteis na inclusão social e digital desses indivíduos.

A assistência obstétrica nos sistemas público e privado de saúde
Autores: Cláudia Aguiar, Flávia Sakata, Flávia França, Mariana Viginotti e Ricardo Arruda.

Resumo: existem dois sistemas de saúde no Brasil: o sistema público (SUS – Sistema Único de Saúde) e o sistema privado. O objetivo do trabalho foi verificar se existem diferenças no tratamento e na assistência às mulheres gestantes em ambos os sistemas de saúde, com relação ao pré--natal e parto.

Como incentivar a cidadania por meio do lazer e da educação
Autores: Alexandre Silva, Camila Portcheller, Camila Morais, Camila Pinto, Christiane Neves, Elis Lima e Kelli Kawakami.

Resumo: o trabalho procurou estudar formas de tornar o aprendizado de crianças de 7 a 10 anos de idade mais prazeroso, fazendo que o processo de educação deixe de ser visto como uma tarefa diária árdua e passe a promover a cidadania.

O uso do *software* didático "Cabri Geometry II" na obtenção de um melhor rendimento nas aulas de geometria
Autores: Alexandre Barbosa, Bruno Canuto, Joyce Oliveira, Leila Bergamasco e Rodrigo Saitou.

Resumo: o estudo procurou, por meio de pesquisa de campo, colher dados sobre a eficiência de *softwares* didáticos, como o Cabri Geometry II, em relação à absorção de conteúdos por parte do aluno e à motivação do aluno em utilizá-lo como ferramenta de aprendizado.

Conclusão

A pró-reitora de graduação da Universidade de São Paulo na época da criação da USP Leste, profa. Sonia Penin, baseou-se nas ideias do filósofo português Boaventura Souza Santos para discutir o papel da universidade na sociedade contemporânea e para justificar a importância do projeto acadêmico do novo campus. No livro *USP Leste: a expansão da universidade do oeste para o leste*, ela afirma que para Boaventura Santos:

> A universidade que quiser transformar-se deverá modificar os seus processos de investigação, de ensino e de extensão, segundo três princípios: em primeiro lugar, dar prioridade à racionalidade moral-prática e estético-expressiva sobre a racionalidade cognitivo-instrumental. Isso se faria pela precedência das humanidades e das ciências sociais na produção e na distribuição dos saberes. O segundo princípio aponta a necessidade de uma ruptura epistemológica: a valorização dos saberes não-científicos e a revaloriza-

ção, em outras bases, do próprio saber científico. O terceiro diz respeito à necessária discussão transdisciplinar sobre a crise do paradigma da modernidade, constituindo comunidades interpretativas com posições diferentes, o que exige o trabalho sobre os conflitos emergentes. (Penin, 2005, p. 120)

Neste capítulo procuramos apresentar a proposta do ciclo básico da Escola de Artes, Ciências e Humanidades da Universidade de São Paulo (USP Leste), demonstrando como seu projeto acadêmico busca articular disciplinas específicas, disciplinas multi e interdisciplinares e uma sólida formação científica e cultural por meio de atividades de resolução de problemas. Entendemos que a experiência acadêmica aqui descrita está na mesma direção das ideias de Boaventura Santos sobre o papel da universidade que pretende se "refundar" sob novas bases epistemológicas e científicas.

Reconhecendo a relevância de uma formação humanística para todos os profissionais formados pela universidade, em todos os campos de conhecimento, e a importância de que essa formação se dê em contato direto com a realidade da comunidade em que se vive, a aprendizagem baseada em problemas, traduzida como resolução de problemas, passou a ser uma ferramenta essencial na consecução dos objetivos almejados.

A partir de seu primeiro mês na universidade, nossos estudantes são levados a ter contato com perspectivas inter, multi e transdisciplinares de conhecimento. Ao mesmo tempo, rompemos os muros e paredes da instituição (tanto físicos quanto simbólicos), levando-os a conhecer e problematizar a realidade da vida cotidiana de instituições e pessoas que vivem em condições de carência "biopsicossocialeconômica". Tudo isso sem abrir mão da rigidez e sistematização da ciência e de seus métodos. Este ano as primeiras turmas da USP Leste se formaram e temos a expectativa de que a formação propiciada nesse modelo de universidade dê a nossos estudantes um diferencial positivo na hora de lutar por postos de trabalho na competitiva sociedade contemporânea.

Estamos em nosso quinto ano de funcionamento, e uma infinidade de problemas políticos e acadêmicos são enfrentados rotineiramente na implantação do projeto. Todo o processo é alvo, no entanto, de constantes avaliações e discussões no âmbito da instituição, e muitas alterações de caminhos vêm sendo implementadas no transcorrer desse percurso. Uma delas, positiva, foi a disseminação das atividades de resolução de problemas na organização curricular de seis dos dez cursos da USP Leste. Com os resultados iniciais que demonstraram a qualidade do conhecimento produzido e o envolvimento dos estudantes com o estudo nos projetos de RP, esses cursos introduziram essa "disciplina" nos demais semestres da grade curricular.

Encerramos o capítulo com a avaliação feita no final de 2005 pela professora emérita Myriam Krasilchik, que presidiu a Comissão Central de Implantação da USP Leste. Para ela (2005, p. 99):

> Muito foi feito e muito mais é necessário; porém o início deste projeto inspira confiança de que a USP Leste está cada vez mais firme no caminho de uma universidade que atenda as exigências de ensino de graduação e pós-graduação e de pesquisa de qualidade autônoma, em um ambiente de íntima relação com a sociedade, promovendo o pluralismo, a liberdade, a justiça e a solidariedade.

Bibliografia

BARROWS, H. S. "A specific problem-based, self directed learning method designed to teach medical problem-solving skills, and enhance knowledge retention and recall". In: SCHMIDT, H. G.; DE VOLDER, M. L. (orgs.). *Tutorials in problem-based learning*. Assen: Van Gorcum & Comp. B. V., 1984, p. 16-32.

COWAN, J. *On becoming an innovative university teacher. Reflection in action.* Buckingham; Filadélfia: Society for Research into Higher Education & Open University Press, 1998.

FLAVELL, J. H. *Cognitive development*. Nova York: Prentice Hall, 1976.

JENSEN, l.; HANSEN, S. "Supervision and group dynamics". In: KOLMOS, A. *et al.* (orgs.). *The Aalborg PBL model: progress, diversity and challenges*. Aalborg: Aalborg University Press, 2004.

JORGENSEN, F. "The students voice". In: KOLMOS, A. *et al.* (orgs.). *The Aalborg PBL model: progress, diversity and challenges*. Aalborg: Aalborg University Press, 2004.

KOLB, D. A. *Experimental learning*. Englewood Cliffs: Prentice Hall, 1984.

KOLMOS, A. *et al.* (orgs.). *The Aalborg PBL model: progress, diversity and challenges*. Aalborg: Aalborg University Press, 2004.

KRASILCHIK, M. "USP Leste: sonho e realidade". In: GOMES, C. B. (org.). *USP Leste – A expansão da universidade: do oeste para o leste*. São Paulo: Edusp, 2005.

LAVE, J.; WENGER, E. *Situated learning – Legitimate peripheral participation*. Nova York: Cambridge University Press, 1991.

PENIN, S. "USP Leste: o institucional entre o local e o global". In: GOMES, C. B. (org.). *USP Leste – A expansão da universidade: do oeste para o leste*. São Paulo: Edusp, 2005.

PIAGET. "Prefácio". In: INHELDER, B. *et al. Aprendizagem e estruturas do conhecimento*. São Paulo: Saraiva, 1996.

5 ABP E MEDICINA – DESENVOLVIMENTO DE ALICERCES TEÓRICOS SÓLIDOS E DE UMA POSTURA PROFISSIONAL DE BASE CIENTÍFICA

L.O. Dahle, P. Forsberg, H. Hård af Segerstad, Y. Wyon e M. Hammar

Universidade de Linköping, Suécia

Neste capítulo, analisaremos a relação entre a organização do ensino médico e o desenvolvimento, por parte dos estudantes de medicina, de bases teóricas sólidas e conduta profissional com base científica. A ABP é uma proposta pedagógica que despertou muito interesse na área educacional, inclusive na medicina. A combinação entre a ABP e o contato com pacientes desde o início do curso, a integração de diferentes disciplinas e elementos de ensino interprofissional, além da ênfase no aperfeiçoamento das habilidades de comunicação, tornaram-se a base do currículo médico da Faculdade de Ciências da Saúde (FCS) de Linköping, na Suécia. Porém, os críticos dos programas da ABP questionaram a profundidade científica e teórica do currículo utilizado.

Com nosso sistema de organização curricular e avaliativo e dados os princípios implícitos *per se*, ressaltamos que os alunos que se graduam em nossa faculdade realmente têm conhecimentos teóricos e atitude científica necessários à prática da medicina; conhecimentos estes que, no mínimo, equivalem aos de quem tenha seguido um currículo médico mais tradicional.

Todos os alunos dedicam um semestre inteiro à realização de um estudo científico, dentro do programa. Resultados de um questionário que revela a opinião dos estudantes sobre a obrigatoriedade do projeto científico individual indicaram que esse sistema oferece algumas vantagens e, principalmente, que o tipo de projeto escolhido aponta as habilidades que podem ser melhoradas.

Introdução

No outono de 2006, a Faculdade de Ciências da Saúde comemorava seu vigésimo aniversário. A partir do final da década de 1960, os estudantes de medicina da Uppsala passaram a cursar os últimos sete semestres em Linköping, onde se dedicavam principalmente a estudos clínicos. Anos depois, professores da jovem faculdade e da prefeitura perceberam que um programa universitário completo na Universidade de Linköping seria um grande desafio. Trabalharam em parceria e visitaram várias faculdades progressistas, como a McMaster, no Canadá; a de Maastricht, nos Países Baixos; a Ben Gurion, em Israel; e a de Tromsø, na Noruega. Pouco a pouco, as ideias trazidas dessas instituições tornaram-se realidade, e a estreita colaboração entre a universidade e a prefeitura de Östergötland começou a dar frutos. Em dezembro de 1982, propôs-se ao governo sueco um curso completo de medicina, integrado a outros programas do setor de saúde. A nova Faculdade de Ciências da Saúde (FCS), da Universidade de Linköping, iniciou sua trajetória em 1986 e, ao final de agosto desse mesmo ano, os primeiros alunos começaram seus estudos na FCS.

A FCS oferecia vários programas de formação profissional na área de saúde: enfermagem, terapia ocupacional, medicina, fisioterapia, assistência social. Mais tarde se acrescentaram fonoaudiologia e pós-graduação em biologia médica, com especialização em técnicas laboratoriais. Nos novos programas, introduziram-se vários conceitos, mas a ABP foi escolhida como fundamento do curso. O ponto de partida foram pequenos grupos de supervisão, coordenados por professores habilitadores, e prontuários de pacientes reais. Nos últimos dez anos, os casos estiveram à disposição de todos em nossa intranet.

Na literatura especializada, a ABP se define como proposta pedagógica fundada em diferentes características, todas elas importantes para a aprendizagem do aluno. Hoje se discute o que se deve considerar ABP (Margetson, 1998) e como pôr em prática os currículos desse sistema de aprendizagem (Savin-Baden e Howell Major, 2004). Até agora, pouco aprofundou-se nas possíveis maneiras de elaborar currículos de ABP. Conway e Little (2000) afirmam que essa metodologia tende a ser utilizada seja como estratégia didática seja como estrutura de currículo. Na Faculdade de Ciências da Saúde de Linköping, implementou-se a ABP como currículo integrado de aprendizagem baseada em problemas, em todos os programas.

O objetivo deste capítulo é analisar a relação entre a organização de um programa universitário de medicina e o desenvolvimento, por parte dos estudantes, de uma conduta profissional sólida, com base científica. Na primeira parte, fazemos uma definição geral da ABP e explicamos como ela foi implementada no programa de medicina da Universidade de Linköping. A seguir, comparamos a ABP e o processo científico e apresentamos características específicas da estrutura do currículo para mostrar em que medida esse sistema inovador favorece estudos teóricos mais profundos. Por fim, trazemos um questionário com a opinião dos alunos a respeito de seus estudos científicos.

A aprendizagem baseada em problemas (ABP)

Um elemento importante do currículo da FCS é a integração vertical e horizontal. A primeira acontece entre as divisões clínica e de ciências básicas; a segunda, entre as diferentes áreas disciplinares. Comprovou-se que a integração vertical entre as ciências básicas e a medicina clínica em um programa de ABP favorece uma aprendizagem mais sólida e, consequentemente, uma maior compreensão de princípios médicos importantes. É provável que a integração favoreça a retenção de conhecimentos e a capacidade de aplicar os princípios da ciência básica no contexto clínico correspondente. Por exemplo: as avaliações orais do último semestre envolvem professores de departamentos teóricos e práticos que, juntos, garantem a integração vertical também nas avaliações e destacam esse importante elemento da grade curricular. Os professores precisam estar realmente envolvidos e entusiasmados. Além disso, devem colaborar também fora do departamento, o que, indiretamente, pode trazer benefícios para o ensino e a pesquisa. Estamos convencidos de que a integração vertical respalda a ABP e fomenta uma aprendizagem sólida por toda a vida (Dahle et al., 2002).

A integração interprofissional entre alunos de todos os cursos da FCS é outro importante alicerce de nossos programas. Em meados da década de 1990, os alunos receberam uma sala de práticas hospitalares (Whalström et al., 1997). O objetivo desse projeto foi elaborar, para todos os estudantes da FCS, um programa comum, que fomentaria durante muitos anos o ensino interprofissional e estimularia o desenvolvimento de atitudes e habilidades positivas de colaboração, em conjunto com outros profissionais da área da saúde. As atividades caracterizam-se pelo respeito e compreensão mútuos, que favorecem a reflexão dos alunos sobre suas diferentes funções e competências profissionais, tarefa fundamental para a cooperação no sistema de saúde. Em 1996, inaugurou-se no Departamento de Ortopedia uma sala de formação interprofissional, coordenada pelos próprios estudantes. Abriram-se salas similares no mesmo espaço, além de outras, mais recentemente, no Departamento de Geriatria. Alunos de todos os cursos encarregam-se do atendimento, tratamento e reabilitação dos pacientes. Embora haja médicos supervisores, estes, em geral, limitam-se a observar e orientar, sem intervir diretamente no trabalho prático. Os estudantes dos últimos semestres, quando dominam conhecimento suficiente sobre sua futura função profissional, são selecionados para esse trabalho. A experiência tem demonstrado que a sala de formação pode ser um instrumento eficaz para a prática do trabalho em equipe com pacientes reais, algo essencial para a profissão do médico. Essa experiência estimula também a reflexão sobre a própria função e sobre a atuação dos outros profissionais do setor de saúde. A iniciativa desencadeou a abertura de várias salas de formação coordenadas por estudantes, em outras faculdades suecas e em inúmeros países.

Desde o princípio, o trabalho do aluno é vinculado a situações realistas na forma de "estudos ou situações de caso". O "caso" pode ser uma ou mais imagens, uma descrição escrita, um vídeo ou uma pessoa. Com base nele, os alunos identificam problemas e definem objetivos de aprendizagem adicionais necessários ao seu entendimento e solução. A ABP consolidou-se como a aprendizagem que se dá quando o aluno abre o próprio caminho rumo à compreensão ou resolução de um problema (Margetson, 1998).

No processo de estudo, é essencial que o grupo tenha seis ou sete participantes e um supervisor, que tem a função de motivar, auxiliar e orientar os alunos às áreas de interesse e aos níveis de dificuldade realistas (Svedin e Koch, 1990, p. 2; Areskog, 1992, p. 3; Hård af Segerstad et al., 1997; Silén e Hård af Segerstad, 2001). Nas discussões em grupo, os estudantes dão-se conta de suas necessidades individuais de aprendizagem e, assim, definem sua base de estudo independente. Na reunião seguinte, têm oportunidade de discutir e aplicar os conhecimentos recém-adquiridos a respeito do estado inicial de um paciente (Kjellgren, 1993, p. 5; Silén e Hård af Segerstad, 2001). É por isso que a ABP estimula uma maior participação do aluno, prepara-o para a busca de novos conhecimentos e motiva-o, mais que com a mera incorporação de conhecimentos, por meio de aulas, estudo obrigatório de bibliografia pré-estabelecida (Kjellgren, 1993, p. 13; Bergdahl et al., 1990, p. 6).

Na Linköping, o curso de medicina inclui também a integração das classificações tradicionais das disciplinas e a inclusão de outros estudantes da área de saúde, com elementos de ensino interprofissional (Bergdahl et al., 1990, p. 6; Kjellgren, 1993, p. 13). Reiteramos a importância do contato com pacientes desde o princípio do curso – a necessidade de vê-los como pessoas que têm uma história – e da arte da comunicação e interação humanas verbais e não-verbais (Svedin e Koch, 1990, p. 2). Os estudantes têm seu primeiro "paciente de verdade" já nas primeiras semanas do primeiro semestre e participam da primeira sessão de comunicação gravada em vídeo várias vezes durante seu primeiro semestre na faculdade de medicina. Além disso, enfatiza-se a medicina preventiva e os primeiros cuidados médicos. Teoria e prática seguem juntas ao longo do currículo (Bergdahl et al., 1990, p. 7; Foldevi, 1995).

Nos últimos dez anos, tentou-se compilar os estudos sobre o impacto da ABP, como resenhas bibliográficas e metanálises exaustivas (Albanese e Mitchell, 1993; Vernon e Blake, 1993; Colliver, 2000). Pesquisas sobre a ABP e outros métodos didáticos universitários situaram-se, até agora, no processo interno do ensino superior e em como o aluno adquire conhecimento. Artigos publicados dedicam-se, sobretudo, a avaliar os programas médicos e geralmente não passam de comparações com currículos tradicionais. Tais comparações demonstram que a ABP se traduz em resultados equivalentes nas avaliações, medidos com testes de conhecimento tradicionais como os da North American National Boards. A maioria dos estudos normalmente mostra diferenças irrelevantes entre os resultados de aprendizagem dos programas tradicionais e os da ABP. Alguns dados mostram que a ABP afeta as estratégias de estudo dos alunos e os leva a encarar o ato de aprender com mais seriedade (Rahimi, 1995; Abrandt Dahlgren e Öberg, 2001), mas seriam necessárias mais pesquisas para verificar se estudantes dos programas da ABP compreendem melhor o processo de aprendizagem que seus colegas de cursos tradicionais.

A ABP e o processo científico

O princípio básico de um curso baseado em problemas é que o aluno identifique claramente um problema ou uma pergunta, que busque ele mesmo os conhecimentos necessários para respondê-la e, depois, possa aplicar aquilo que aprendeu. O trabalho científico começa com uma hipótese ou uma pergunta. Com essa metodologia, levantam-se dados a ser analisados. O resultado do processo são conclusões extraídas da formulação inicial. Chega-se, então, à conclusão de que são muitas as semelhanças entre a ABP e o método científico. Este, de fato, é um ótimo exemplo prático da aprendizagem baseada em problemas. Como consequência natural, o uso de um método de

■ ABP E MEDICINA ■

estudo que estimula iniciativa e curiosidade, desde o começo do curso de medicina, deveria favorecer atitude e método de trabalho científico na futura prática médica.

Estudantes que cursam nosso currículo médico em momento algum utilizam bibliografia obrigatória pré-estabelecida, com recomendação insistente de determinadas obras. Pelo contrário, espera-se que busquem as próprias fontes desde o começo, embora também seja verdade que às vezes se restringem a obras consagradas e não exploram tendências atuais. Isso os leva a aprender desde cedo a tarefa da pesquisa bibliográfica, além da leitura de fontes alternativas às perspectivas que costumam ser usadas nos livros-texto. Para ajudá-los nisso, já nas primeiras semanas oferecemos um curso de uso de bibliotecas médicas. A busca individual de conhecimento propicia ao aluno a noção de relatividade de tudo que aprende, conceito imprescindível em todo projeto científico.

O trabalho clínico é muito semelhante ao processo da ABP. Em primeiro lugar, a identificação de um problema acontece com a visão geral da situação e o histórico do paciente. Depois, consideram-se outras questões importantes, como a prescrição de exames clínicos, laboratoriais e radiológicos adicionais. Finalmente, é preciso consolidar, analisar e processar todos os dados antes de formular uma conclusão em forma de diagnóstico definitivo ou profissional. Assim, a ABP, tal como se pratica em nossa Faculdade de Medicina, proporciona os requisitos necessários a uma futura atuação médica com base científica.

Em que medida a ABP estimula estudos teóricos mais profundos?

Estudantes de um programa de ABP formulam perguntas, propõem questões e traçam objetivos de aprendizagem. Isso pode gerar o receio de que os estudos feitos nessa perspectiva sejam mais superficiais e resumidos que os tradicionais. Se não houver alguém que reitere constantemente a importância de se adquirir um conhecimento minucioso, será mesmo possível esperar que os alunos escolham o "caminho mais difícil" na aprendizagem? Ou cabe esperar realmente que desempenhem essa tarefa por si mesmos?

Nossa experiência mostra que o problema é exatamente o contrário. Curiosidade e ação com autonomia são as forças propulsoras por trás da formulação e compreensão dos objetivos da aprendizagem. Isso é o que faz que os alunos se aprofundem no problema. Como não sabem exatamente até que ponto o conhecimento de que necessitam deve ser detalhado, é raro escolherem soluções superficiais para os problemas que eles mesmos propuseram. Para muitos alunos, não saber exatamente o que se espera deles é uma das maiores dificuldades no início da ABP, e essa sensação de insegurança costuma durar alguns trimestres, até que eles aceitem a nova realidade acadêmica. Na verdade, trata-se de uma imagem exata que reflete a realidade científica, em que ninguém nunca aprenderá "o bastante" nem "tudo", e jamais alcançará o estado de "plena ilustração".

Com teoria e prática integradas em todo o currículo, os alunos são constantemente estimulados a encontrar os mecanismos implícitos em observações clínicas, o que também acontece na fase predominantemente clínica do curso, na qual prevalece a prática hospitalar, sempre com a expectativa de que os alunos apliquem e ampliem conhecimentos científicos básicos.

Para alcançar isso, ao se elaborar o currículo, determina-se o seguinte:

1. O princípio de que todos os semestres são integrados e que devem conter disciplinas práticas, clínicas e teóricas. Cada trimestre é uma unidade e termina com uma avaliação acumulativa. A cada trimestre formam-se grupos novos, o que incentiva a flexibilidade de trabalhar com pessoas diferentes.
2. Clínicos, acadêmicos e "um conselho docente trimestral" trabalham juntos no planejamento dos conteúdos do período, do primeiro ao último trimestre, até a realização da avaliação final.

Dos conhecimentos adquiridos, pelo menos 20% devem ser de natureza teórica e de ciência básica, mesmo na etapa final do curso.
3. No grupo de estudo em que trabalham semanalmente, os alunos devem analisar casos, tendo por base a ciência básica. Os aspectos clínicos são vistos no tratamento de pacientes, em atividades clínicas diárias e nos grupos de supervisão, coordenados por um médico.
4. Nas poucas aulas que se tem ao longo da semana, trabalham-se áreas que apresentam maior dificuldade e requerem bibliografia de apoio, isto é, campos teóricos complexos ou recentes, ainda não estudados no âmbito da ciência. As aulas também podem ser úteis para integrar áreas que se sobreponham; para esclarecer e ratificar temas importantes; e introduzir ou sugerir outros novos.
5. Além das avaliações trimestrais, há outras mais abrangentes, as de fases I, II e III, após as etapas de iniciação científica, pré-clínica e clínica.
6. Todas as avaliações trimestrais e de "fase" organizam-se conforme os objetivos do currículo. Para isso:
   a) todos os trimestres devem terminar com um exame escrito e/ou oral, e outro prático, quando necessário;
   b) as avaliações orais, inclusive as que acontecem nas fases clínicas e no último trimestre do currículo, têm sempre a participação de um pesquisador na banca examinadora;
   c) todas as avaliações escritas do curso requerem o domínio de conhecimentos teóricos e científicos. Por exemplo: quando se pede ao aluno que faça uma relação de testes de laboratório para verificar determinado sintoma, ele deve, além disso, explicar detalhadamente o porquê de sua escolha, os mecanismos implícitos desse sintoma etc. Dentro de suas possibilidades de conhecimento, precisa explicar o tratamento farmacológico indicado para o respectivo diagnóstico e demonstrar seu mecanismo de ação;

d) avalia-se a autonomia na busca de novas fontes bibliográficas, a fim de estimular essa habilidade. A avaliação final acumulativa da fase I, após a fase de iniciação científica, começa com um paciente real. Parte da avaliação consiste em selecionar um aspecto problemático, significativo para o caso em questão. O aluno tem algumas horas para procurar bibliografia pertinente, resumir os resultados da pesquisa e mostrar as alternativas possíveis para o problema. Esse exame tem a participação de funcionários da biblioteca, que avaliam a pesquisa bibliográfica;
e) a maioria das avaliações trimestrais inclui a análise de um artigo científico, que será um componente da avaliação final acumulativa da fase III. O nível de complexidade desse artigo, que é o ponto de partida das perguntas do exame, vai aumentando gradualmente ao longo do curso.

Curso preparatório para a pesquisa

Para estimular o interesse dos alunos pela ciência, elaborou-se um curso introdutório de pesquisa científica para estudantes de medicina. Esse programa extra, que dura quatro trimestres, representa 25% do curso de período integral e é ministrado paralelamente e como complemento à grade curricular completa do curso. Seus objetivos são a reflexão sobre metodologia, planejamento e desenvolvimento de pesquisa, bem como o rendimento, análise e compilação de resultados, organizados em um estudo científico. Atualmente, esse curso é dado no sexto semestre, com conteúdo similar. A apresentação do projeto primeiro acontece no contexto da sala de aula, para depois os alunos poderem trabalhar em grupos de estudo para delimitar áreas problemáticas e formular perguntas, cujas respostas eles mesmos devem encontrar, podendo recorrer a um supervisor ou especialista. Também se oferecem práticas de laboratório e, nas férias de verão, os inscritos podem participar de projetos de pesquisa em período integral.

Esse curso preparatório para a prática de pesquisa teve muita procura entre os alunos. Na primeira vez em que foi oferecido, dos duzentos estudantes que poderiam cursá-lo, cinquenta solicitaram uma das catorze vagas disponíveis.

A opinião dos estudantes a respeito de projetos de aprofundamento científico

Ao longo do curso de medicina, todos os alunos devem realizar os "projetos de aprofundamento científico". Seus supervisores são professores com experiência na prática de pesquisa.

Desde o princípio, tivemos duas fases desse projeto. A primeira acontecia entre o terceiro e o quinto trimestres, com duração de aproximadamente duas semanas de trabalho em período integral. Ela normalmente era composta por um estudo bibliográfico e poderia ser complementada com um trabalho prático. Os resultados deveriam ser apresentados em um relatório escrito, para o qual se elaboraria também um resumo.

No *segundo* projeto – que equivalia a quatro semanas de atividades em período integral e poderia estender-se como "período optativo" de até dez semanas, no último trimestre –, o aluno deveria levar a cabo um estudo individual. Esse segundo projeto realizou-se entre o sexto e o décimo primeiro trimestres.

Hoje, o "projeto de aprofundamento científico" acontece entre o quarto e quinto semestres, mas na verdade desenvolve-se em período integral, ao longo de pelo menos dez semanas do sexto semestre. No resto do período, os alunos podem escolher entre disciplinas optativas ou plantões clínicos. Muitos deles preferem dedicar-se ao "projeto de aprofundamento" de vinte semanas, que pode contar com o apoio de um departamento clínico ou pré-clínico. Os departamentos oferecem aos alunos um catálogo específico com as linhas de pesquisa disponíveis. No entanto, a maioria deles costuma entrar diretamente em contato com o orientador da área, por iniciativa própria.

Esse projeto deve ser apresentado em um relatório escrito, cuja estrutura deve ser a de um artigo científico para publicação. O resumo é a única parte que deve ser redigida em inglês, porém quase todos os estudantes optam por escrever todo o texto nesse idioma. Após a aprovação do orientador, o trabalho é submetido à apreciação de um membro superior do corpo docente, que se encarrega de analisar os resultados do estudo.

Organiza-se, até o final do último trimestre, uma reunião em que os estudantes apresentam e "defendem" publicamente o projeto, tal como uma aula. Essa prática leva a uma preparação mais criteriosa e a uma análise mais completa do que se faria com a mera apresentação de resultados. Muitos desses estudos são apresentados posteriormente em outros contextos, como congressos nacionais e internacionais, e alguns são publicados em revistas científicas em vários países.

A fim de saber a opinião dos alunos sobre a obrigatoriedade da pesquisa científica, solicitou-se a eles que respondessem um questionário, ao final da fase III. O objetivo era avaliar se a pesquisa científica de fato aumentava as habilidades dos estudantes, além de verificar a necessidade de modificar o planejamento e realização do projeto de aprofundamento.

Material e método

Solicitou-se aos 85 alunos que expuseram projetos, durante um ano, que respondessem a um questionário sobre sua experiência com o trabalho científico. Havia perguntas sobre o tempo dedicado ao projeto; tema escolhido; áreas em que acreditavam ter melhorado graças à realização do estudo etc. Havia também perguntas abertas, sobre como a experiência de elaborar um projeto científico influenciaria seu interesse pela ciência.

Resultados

Setenta e um alunos responderam ao questionário. Os assuntos mais estudados foram biologia celular (15%), medicina interna (24%), ginecologia e obstetrícia (12%), patologia (9%) e doenças infectocontagiosas (9%). Aproximadamente 27% optaram por estudos pré-clínicos ou laboratoriais, enquanto o restante escolheu a área clínica. Muitos escolheram o tema de estudo mediante consultas àqueles projetos já desenvolvidos anteriormente, ou após conversar diretamente com um orientador ou instituição do campo de interesse. A maioria (89%) afirmou que o trabalho suscitou ideias para a realização de outros projetos de pesquisa no futuro. Quarenta e um por cento disseram que, se dispusessem de mais tempo, gostariam de ter aprofundado o estudo. Em geral, os alunos mostraram-se satisfeitos com o apoio do orientador.

Nas perguntas abertas, muitos afirmaram que a experiência adquirida no projeto de aprofundamento científico facilitou a compreensão de conceitos teóricos mais complexos; despertou mais interesse pela pesquisa; e que, no futuro, leriam artigos científicos com mais consciência crítica, mas também com maior respeito e reconhecimento ao trabalho daqueles que se empenham em elaborar textos dessa natureza.

Debate sobre os resultados do questionário

Boa parte dos alunos disse ter aperfeiçoado sua habilidade com o computador; o conhecimento de normas de redação de artigos; e o uso de métodos estatísticos. Alguns poucos afirmaram ter adquirido conhecimentos laboratoriais ou para a realização de um ensaio clínico.

Tudo indica que o trabalho foi importante na medida em que aperfeiçoou habilidades para a prática de laboratório e a elaboração de ensaios clínicos. É provável que orientadores sugiram mais estudos como esse, para que os alunos possam aperfeiçoar ainda mais essas habilidades.

Na avaliação da fase III, centrada na capacidade de leitura, compreensão e análise de novos artigos científicos, quase todos os alunos são aprovados. Fica evidente que existe uma forte correlação entre a opinião dos estudantes sobre sua competência no assunto e a avaliação feita pelos professores.

Não resta dúvida de que projetos de aprofundamento incentivam o aluno a fazer pesquisas científicas. Alguns deram continuidade aos projetos após o fim do curso e, hoje, são doutorandos. Entretanto, é comum que surja o conflito, pois muitos recém-formados desejam fazer a residência o quanto antes para poder exercer a profissão. Foram abertas, então, em parceria com o Hospital Universitário de Linköping, algumas vagas para residência médica, cujos alunos podem levar a cabo seu projeto de pesquisa em período integral, durante uma semana, a cada quatro ou cinco, ao mesmo tempo que terminam os estudos necessários para atuar como médicos. Atualmente, são oferecidas seis dessas vagas.

Conclusão

Detalhemos a relação entre organização e prática do ensino da medicina na Linköping e o desenvolvimento, por parte do estudante, de uma sólida conduta profissional de base científica.

Nas discussões recentes na literatura especializada, falou-se muito pouco e de modo superficial sobre as possíveis maneiras de implementar a ABP no ensino superior (Conway e Little, 2000; Savin-Baden e Howell Major, 2004). Abrandt Dahlgren (2001) demonstra que as condições contextuais específicas de diferentes campos de conhecimento de ensino universitário influenciam a implementação da ABP. Consequentemente, ao se comparar os resultados, é preciso analisar em detalhe a estrutura de um programa.

As primeiras comparações entre programas de ABP e do ensino tradicional de medicina se faziam sem considerar essas questões. Assim, para definir o impacto do ensino médico, é preciso que se faça uma análise criteriosa da relação entre o currículo e os resultados de aprendizagem do aluno. Savin-Baden e Howell Major (2004), em seu estudo sobre as diferentes maneiras de implementar a ABP, delimitaram oito possibilidades. Em uma pesquisa feita em universidades da Austrália, McInnis (2000) descobriu que 74% dos professores afirmavam aplicar a ABP em seu trabalho docente. O resultado leva a concluir que a ABP continua sendo aplicada como enfoque didático, e não como um sistema integrado, que traz em si uma filosofia própria de organização do currículo.

Um estudo longitudinal recente, que comparava um programa de ABP com outro convencional (Abrandt Dahlgren et al., 2005), investigou a transição do ensino universitário à vida profissional. Os resultados, também ligados às diferenças na estrutura dos programas, indicam que o programa da ABP (de psicologia) prepara melhor para a vida profissional e que há uma forte relação entre esta e o que se estuda na universidade. A contextualização em todos os currículos é outro importante fator de sucesso. Resultados relativos à transição do período universitário à vida profissional, em um programa tradicional (de engenharia mecânica) revelaram certa *descontinuidade*. Tais dados corroboram a importância da análise detalhada da estrutura do ensino, ao serem feitas comparações de resultados.

Assim, neste capítulo, procuramos insistir na definição da estrutura de um programa de ABP para afirmar, com todo critério, que as medidas internas do currículo interferem na aprendizagem. Pela experiência acumulada com métodos de ensino e avaliação ABP, a impressão que se tem é clara: alunos formados em nossa faculdade adquirem os conhecimentos teóricos e a conduta científica necessários ao exercício da medicina e sempre com nível, no mínimo, equivalente ao daqueles que tenham cursado um programa tradicional. A opinião dos alunos sobre o impacto dos projetos indica a disposição em dar continuidade a suas incursões na ciência e a capacidade crítica para a leitura de artigos científicos, além do respeito e reconhecimento pelos respectivos autores.

Muitos de nossos ex-alunos foram aprovados na prova para residência do Conselho Regulador sueco. Avaliações de alunos, bacharéis e médicos em exercício que cursaram o nosso programa demonstram que obtêm notas melhores que as de colegas de outras faculdades de medicina.

Bibliografia

ABRANDT DAHLGREN, M. "Portraits of PBL: a cross-faculty comparison of students experiences of problem-based learning". *Linköping Estudies in Education and Psychology*, n. 80, Linköping Universitet, Department of Behavioural Sciences, 2001.

ABRANDT DAHLGREN, M. et al. "The transition from higher education to work live: the outcomes of a PBL programme and a conventional programme". In: POIKELA, E.; POIKELA, S. (orgs.). *PBL in context: bridging work and education*. Tampere: Tampere University Press, 2005.

ABRANDT DAHLGREN, M.; ÖBERG, G. "Questioning to learn and learning to question: structure and function in environmental education". *Higher Education*, v. 41, 2001, p. 263-82.

ALBANESE, M. A.; MITCHELL, S. "Problem-based learning: a review of literature on its outcomes and implementation issues". *Academic Medicine*, n. 68, 1993, p. 52-81.

ANTEPOHL, W. et al. "A follow up of medical graduates of a problem-based learning curriculum". *Medical Education*, v. 37, 2003, p. 155-62.

ARESKOG, N. H. "Multiprofessional education at the undergraduate level: the Linköping model". *Journal of Interprofessional Care*, n. 8, 1994, p. 279-82.

ARESKOG, N. H. "The need for multiprofessional health education in undergraduate studies". *Medical Education*, n. 22, 1988, p. 251-2.

ARESKOG, N. H. "The new medical education at the Faculty of Health Sciences, Linköping University: a challenge for both students and teachers". *Scandinavian Journal of Social Medicine*, n. 2, 1992, p. 1-4.

BERGDAHL B. et. al. "Early phase examination based on clinical performance and problem-based reasoning". In: BEDER, W. et al. (orgs.). *Teaching and Assessing clinical competence*. Groninga: Boekwerk Publications, 1990, p. 457-60.

BERGDAHL, B. et al. "The Linköping Medical Programme: a curriculum for student-centred learning". *Annals of Community-Oriented Education*, n. 7, 1994, p. 107-19.

BERGDAHL, B. et al. "Undergraduate medical education in Sweden: a case study of the Faculty of Health Sciences at Linköping University". *Teaching and Leaning in Medicine*, v. 3, n. 4, 1991, p. 203-9.

COLLIVER, J. A. "Effectiveness of problem-based learning curricula: research and theory". *Academic Medicine*, v. 75, 2000, p. 259-66.

CONWAY, J.; LITTLE, P. *From practice to theory: reconceptualising curriculum development for PBL*. Newcastle: University of Newcastle, 2000.

DAHLE, L. O. et al. "Pros and cons of vertical integration between clinical medicine and basic science within a problem-based undergraduate medical curriculum; examples and experiences from Linköping, Sweden". *Medical Teacher*, v. 24, n. 3, 2002, p. 280-5.

FOLDEVI, M. "Implementation and evaluation of problem-based learning in general practice". Tese de Medicina da Universidade de Linköping, n. 473, 2005.

FOLDEVI, M.; SOMANSSON, G.; TRELL E. "Problem-based medical education in general practice: experience from Linköping, Sweden". *British Journal of General Practice*, n. 444, 1994, p. 473-6.

HÅRD AF SEGERSTAD, H. "The outcome of generic and transferable skills in relation to professional practice". In: RUST, C. (org.). *Improving student learning, improving student learning outcomes*. Oxford: Oxford Brookes University, 1999.

HÅRD AF SEGERSTAD, H. et al. *Problembaserat lärande – Idén, handledaren och gruppen*. [Aprendizagem Baseada em Problemas: a ideia, o supervisor e o grupo]. Liber, 1997.

HARDEN, R. M.; GLEESON, F. A. "Assessment of clinical competence using an objective structured clinical examination (OSCE)". *Medical Education Booklet*, n. 8, Association for the Study of Medical Education, Dundee, 1979.

JONES, A.; MCARDLE, P. J.; O'NEILL, P. "Perceptions of how well graduates are prepared for the role of pre-registration house officer: a comparison of outcomes from a traditional and integrated PBL curriculum". *Medical Education*, v. 36, 2002, p. 16-25.

MARGETSON, D. "What counts as a problem-based learning". *Education for Health*, n. 11, 1998, p. 193-201.

MCGUIRE, C. "Perspectives in assessment". *Academic Medicine*, v. 68, n. 2, suplemento, 1993.

MCINNIS, C. "Changing academic work roles: the everyday realities challenging qualities in teaching". *Quality in Higher Education*, v. 6, n. 2, 2000, p. 143-53.

NORMAN, G.; SCHMIDT, H. G. "The psychological basis of problem-based learning: a review of the evidences". *Academic Medicine*, n. 67, 1992, p. 557-65.

RAHIMI, A. "Problem-based and conventional medical education from a student perspective. A qualitative analysis comparing student's experience of medical education approach to learning and reading comprehension". *Linköping Studies in Education and Psychology Dissertations*, n. 45. Linköping: Linköping Universitet, 1995.

SAVIN-BADEN, M.; HOWELL MAJOR, C. "Foundations of problem-based learning". *The Society for Research into Higher Education*. Oxford: Oxford University Press, 2004.

SCHMIDT, H. G. "Foundations of problem-based learning: some explanatory notes". *Medical Education*, n. 27, 1993, p. 422-32.

SILÉN, C.; HÅRD AF SEGERSTAD, H. (orgs.). *Handledning av lärprocesser* [Supervisão dos processos de aprendizagem]. Linköping: Linköping Universitet, relatório CUP, n. 4, 1999.

SILÉN, C.; HÅRD AF SEGERSTAD, H. (orgs.). "Texter om problembaserat lärande" [Textos sobre a Aprendizagem Baseada em Problemas]. Linköping Universitet, relatório CUP, n. 1, 2001.

SVEDIN, C. G.; KOCH, M. "Early clinical contact, holistic review and interpersonal skills". In: BENDER, W. *et al.* (orgs.). *Teaching and assessing clinical competence*. Groninga: Boekwerk Publications, 1990.

VERNON, D.; BLAKE, R. "Does problem-based learning work? A meta-analysis of evaluation research". *Academic Medicine*, n. 68, 1993, p. 550-63.

WHALSTRÖM, O.; SANDÉN, I.; HAMMAR, M. "Multiprofessional education in the medical curriculum". *Medical Education*, n. 31, 1997, p. 425-9.

WILLIS, S. C.; JONES, A.; O'NEILL, P. "Can undergraduate education have an effect on the ways in which pre-registration officers conceptualise communication?" *Medical Education*, v. 37, 2002, p. 603-8.

6 INOVAÇÃO CURRICULAR NA ESCOLA UNIVERSITÁRIA DE ENFERMAGEM DE VALL D'HEBRON, BARCELONA: PROJETO E IMPLEMENTAÇÃO DA ABP

MARIA DOLORS BERNABEU TAMAYO
Escola Universitária de Enfermagem de Vall d'Hebron, vinculada à Universitat Autònoma de Barcelona

PROCESSO INOVADOR

Processo de inovação, caminho de mudanças.
Realizado por professores em cooperação.
Origem problemática ou de melhoria,
Contextualizado na realidade do centro de ensino,
Encontro construtivo e dialogado
Sobre crenças e valores compartilhados
Obviando diferenças culturais.
INOVAÇÃO. É tão fácil dizer, mas como é difícil fazer!
Natureza dilemática e multidimensional,
Nó de ilusões e tensões,
Objeto de desejos e resistências,
Variante de um processo dinâmico.
Ação para mudanças formativas,
Desenvolvimento institucional e pessoal
Orientado para as melhorias permanentes.
Reflexão e mudança do professorado.

S. DE LA TORRE

Introdução

Desenvolvimento e difusão do conhecimento científico, maior participação e aspirações e exigências sociais são elementos que fazem que o ritmo da mudança se acelere e as inovações se multipliquem.

No âmbito educacional, a inovação é um processo que permite atualizar o funcionamento da instituição ou do currículo sem alterar sua estrutura e suas finalidades. Nas palavras de De la Torre (1998), "a inovação é um processo de gestão de mudanças específicas, em ideias, práticas ou instrumentos, até sua consolidação".

A inovação pode ter como finalidade melhorar qualquer prática, porém isso não significa que a produz. A inovação implica a intenção, o planejamento e o esforço, porém pode fracassar nos resultados ou produzir frutos discutíveis ou equivocados. A melhoria é, em si mesma, um conceito controverso, como foi sugerido pela teoria e pela história social nas últimas décadas. A melhoria tem sido frequentemente interpretada como uma forma de controle mais eficaz (De la Torre, 1998).

A quem se dirige a inovação? E com que finalidade? O problema básico continua sendo a motivação. As mudanças tecnológicas, organizacionais, entre outras, podem ser o resultado de uma decisão à qual se chegou por negociação ou por imposição. Às vezes a mudança curricular pode implicar transformações tanto nos processos de ensino como nos de aprendizagem, porém é imensamente mais difícil obter qualquer mudança básica nas atitudes com relação ao ensino (Hannan e Silver, 2005).

Tudo que dissemos serve para descrever, neste capítulo, a inovação curricular no âmbito institucional com a ABP nos estudos de enfermagem.

Aqui detalharemos os componentes do processo inovador que realizamos no currículo de enfermagem, utilizando para isso as considerações conceituais propostas por De la Torre (1998), como:

- A origem. Como iniciamos a inovação?
- Natureza da mudança inovadora. O que caracterizou o processo?
- Níveis de mudança da inovação. O que cada um representa?
- O nível das mudanças estratégias. Em que fase ou grau de desenvolvimento se encontra?

A origem. Como iniciamos a inovação?

Para que algo mude, é necessário que ocorra um desajuste no sistema, que seja gerada uma tensão entre o que se tem e o que se deseja, entre a tensão gerada por um problema e o seu desejo de solucioná-lo. A consciência de uma situação problemática frequentemente proporciona um motivo para iniciar mudanças. Não seria tanto o problema em si, mas sim a tomada de consciência sobre algo que nos incomoda e que desejamos solucionar. Portanto, o primeiro passo para mudar algo é tomar consciência de que há algo a melhorar ou problemas a resolver. (De la Torre, 1998)

Essa citação engloba os quatro elementos que dão origem à decisão de realizar a inovação. O primeiro deles está relacionado com o intercâmbio de estudantes e professores realizado com diversas universidades europeias que utilizam o método da ABP, em que se observou que os estudantes que utilizavam essa metodologia tinham maior capacidade de aprender, de analisar criticamente os problemas apresentados, de se comunicar e se relacionar de maneira efetiva com seus companheiros e com a equipe de trabalho e de utilizar o raciocínio lógico em sua experiência prática, que é realizada com um alto grau de reflexão. E tal reflexão fez que nós docentes avaliássemos e comparássemos como a metodologia tradicional que utilizávamos em nossa escola não conseguia que os estudantes obtivessem as capacidades já citadas, que a Unesco (1996) acolhe e define, por meio do relatório Delors, como sendo os pilares básicos da educação: aprender a conhecer, aprender a fazer, aprender a ser e aprender a conviver. Esse primeiro elemento marca o ponto de partida em nosso desejo de mudança.

O segundo elemento partiu da avaliação realizada pela Agência para a Qualidade do Sistema Universitário da Catalunha (AQSUC), em 1999, sobre os estudos de enfermagem das universidades públicas catalãs, da qual nossa escola participou como centro vinculado à Universidade Autônoma de Barcelona. Os resultados dessa avaliação foram publicados no "Relatório 2000" da AQSUC, que propôs um plano plurianual das universidades catalãs para fortalecer e consolidar os sistemas de qualidade institucional, assim como ações de acompanhamento e gestão de mudança para garantir melhor formação dos estudantes, aumento da pesquisa e melhor integração ao espaço europeu de educação superior (Bernabeu e Cônsul, 2004a). Como dizem Gairin e Casas (2003), "os processos de melhoria incorporam necessariamente, por meio da análise da realidade, processos de avaliação".

O terceiro elemento, como consequência da avaliação anterior, foi transformado em um plano estratégico realizado por uma assessoria externa no qual toda a equipe docente se envolveu. Nesse plano estratégico foram detectados necessidades, pontos fracos, ameaças, pontos fortes e oportunidades (análise SWOT) e se manifestou o desejo, transformado posteriormente em "necessidade", de trabalhar com a metodologia da ABP (Bernabeu e Cônsul, 2004b). Concordamos com a afirmação de De la Torre (1998) de que "é a manifestação da tomada de consciência de uma situação problemática que frequentemente proporciona um motivo para iniciar mudanças. A busca de soluções iniciais leva em conta o processo, os meios que o centro dispõe e as estratégias que devem ser seguidas". Por meio de um processo de negociação, determinaram-se as metas a atingir, e a forma mais adequada era executar um plano estratégico.

O último elemento que propiciou a decisão de inovar foi o fato de contar com Luis Branda, professor emérito da Universidade McMaster, do Canadá, que tem uma experiência de mais de 25 anos com o método da ABP. Sem esquecer que um requisito básico para efetivar a inovação é institucionalizá-la, ou seja, a aceitação e o envolvimento em direção à escola. Ekholm e Traer (1987), mencionados por Marchesi (2000, p. 86-8), afirmam que a institucionalização, como qualquer outro processo de desenvolvimento, é uma assimilação dos elementos da mudança em uma organização estruturada que a modifique de forma estável. A institucionalização é, portanto, um processo pelo qual uma organização assimila uma inovação em sua estrutura.

Natureza da mudança inovadora. O que caracterizou o processo?

Concordamos com a definição de De la Torre (1994) sobre a inovação curricular como um processo de gestão de mudanças específicas (de ideias, materiais ou práticas do currículo) até sua consolidação, que implicará um crescimento pessoal e institucional.

Afirmar que a inovação é um processo dinâmico e aberto destaca seu caráter contínuo e adaptativo. A inovação não é um fato ocasional, nem uma experiência transitória ou pontual, mas algo que se constrói na medida de sua execução.

A inovação não é um acontecimento, mas um processo de um grupo humano que tenta mudar algum aspecto de seu relacionamento ou funcionamento; porém, o processo inovador não termina até que a mudança se consolide. Portanto, uma mudança curricular deve melhorar a formação do professorado, da aprendizagem e de algum aspecto concreto da cultura do setor onde acontece.

Planejamento da inovação

Um fator imprescindível na origem de qualquer inovação é partir do *contexto*, já que nele se propõem questões axiológicas, subjazem elementos pessoais e se preveem estratégias e recursos para uma aplicação bem-sucedida.

No contexto específico, seria necessário avaliar o grau de autonomia do setor e instituição para realizar a mudança, se tem uma política claramente definida e convênios internacionais, se tem capacidade de comprometer-se com o ambiente ou se conta com recursos docentes e financeiros que lhe permitam fazer propostas de mudança. A maior autonomia dos departamentos é uma das estratégias que lhes permite avançar na criatividade e no desenvolvimento de projetos próprios, como afirma Marchesi (em Gairin e Casas, 2003).

Nosso contexto específico é um Departamento do Instituto Catalão da Saúde (ICS), vinculado à Universidade Autônoma de Barcelona. Com autonomia para gerenciar e administrar os recursos, gerenciou também a mudança para a inovação. Sua missão é formar enfermeiras autônomas para atuar em uma equipe de saúde, atendendo de forma integral e integrada, aplicando os conhecimentos e técnicas específicos de sua disciplina na pessoa, na família e na comunidade. Baseia-se no conhecimento científico e utiliza o processo tecnológico, assim como os conhecimentos e as técnicas derivadas das ciências humanas, físicas, sociais e biológicas, atividades que desenvolverá em uma sociedade em permanente mudança social, econômica, cultural e política.

Os estudos de enfermagem têm uma carga horária de 225 créditos e duração de três anos acadêmicos. As metodologias docentes mais utilizadas, prévias à inovação, foram aulas expositivas, práticas de sala de aula ou seminários para análise e debate de casos, práticas de laboratório e, por último, práticas clínicas que situam o estudante no contexto real para adquirir e integrar os conhecimentos aos centros assistenciais (Bernabeu e Cônsul, 2004b).

Existem diversas experiências em nosso país que se basearam na ABP, além do currículo, com as quais se consegue um ensino mais ativo, centrado no estudante da disciplina ou matéria escolhida, embora não permita uma integração de conhecimentos. A inovação curricular que realizamos consistiu na implantação do método em todo o currículo de estudos de enfermagem, mudando de um currículo organizado por disciplinas, na maioria das vezes com pouca ou nenhuma relação entre si, para um mais integrado, que propiciasse ao estudante as competências profissionais necessárias.

O planejamento efetivou-se com:

- A formulação do perfil e das competências profissionais.
- A definição de situações/cenários.
- A formação dos docentes.
- A elaboração do material didático.
- A metodologia de avaliação.
- O planejamento da docência.
- A previsão e o planejamento de recursos.
- A implementação escalonada.

Embora o plano de estudos não tenha mudado, propõe-se uma nova abordagem curricular na qual o ponto de partida não seja os programas das disciplinas, mas as *competências profissionais e os objetivos de aprendizagem*. As competências e os objetivos de aprendizagem nesse método devem ser considerados a base de todo o processo educacional. Conforme Branda (2001), os objetivos são o contrato com o estudante e as únicas bases da avaliação.

Para estabelecer as competências profissionais, baseamo-nos no documento do grupo de especialistas do Conselho Catalão de Especialidades em Ciências da Saúde (Consell Català d'Especialitats en Ciències de la Salut, 1999). Como equipe, não foi difícil adaptá-las ao nosso currículo; o mais complexo foi elaborar os objetivos de aprendizagem, já que implicava um trabalho colaborativo da equipe docente: a meta era elaborar tais objetivos de modo a permitir ao estudante obter as competências profissionais e não a soma destas provenientes de cada uma das disciplinas.

Também foram projetados *situações/cenários*, para que os estudantes alcançassem os objetivos do curso, e os próprios docentes do nosso centro se encarregaram de elaborá-los. Tais cenários deveriam estimular o interesse dos alunos e motivá-los a examinar profundamente os conceitos e objetivos do aprendizado. Também devem se relacionar com situações cotidianas, que deem mais sentido ao trabalho dos alunos.

Formação dos docentes

Concordamos com Morales e Landa (2004) quando afirmam que

são pouquíssimos os docentes da educação superior que têm algum tipo de formação em pedagogia; simplesmente ensinam como aprenderam, ou seja, majoritariamente por meio de aulas expositivas, cuja modalidade basicamente está voltada para os conteúdos das matérias; as técnicas de avaliação se limitam a comprovar a memorização da informação e dos fatos, raramente dedicando-se a desafiar os estudantes a alcançar níveis cognitivos de compreensão mais elevados.

Desse ponto de vista, perguntamo-nos se é possível propor que os alunos aprendam competências se o professorado, por sua vez, não tem as competências necessárias para essa nova abordagem do sistema de ensino-aprendizagem. As competências implicam tanto a aptidão como a atitude de uma pessoa para realizar com sucesso desempenhos profissionais e sociais.

As novas metodologias docentes devem ser adequadas e úteis para gerar/capacitar/avaliar as competências dos estudantes, o que exige do professorado competências para isso. Assim, a formação do docente universitário deveria estar centrada nos diferentes elementos que influenciam no processo de ensino-aprendizagem: planejamento da docência, métodos de ensino, avaliação, motivação dos estudantes, habilidades de comunicação, aprendizagem autônoma, orientações e novas tecnologias aplicadas ao ensino.

Com essas premissas, e paralelamente à definição e ao planejamento da inovação, organizou-se a formação dos docentes, para que adquiríssemos as competências necessárias para exercer nosso novo papel de guia, facilitador e condutor do processo educacional. Foi uma formação inicial que consistiu em conhecer a metodologia da ABP, analisar as vantagens e desvantagens desta e realizar uma experiência prática no papel de estudante, orientador e observador. No papel de estudante, os docentes experimentam como estes adquirem o conhecimento. Nesse sentido, concordamos com Beltrán e Pérez (2003) quando afirmam que

> quando os conhecimentos são adquiridos em atividades dos próprios estudantes, em contextos reais ou simulados, são mais bem compreendidos, transferidos para outras situações, aplicados para alcançar objetivos previamente definidos e motivam os estudantes a construir cada vez mais conhecimentos.

Como orientador, experimenta-se o papel de facilitador, cuja função principal é fomentar no estudante atividades reflexivas que o façam identificar suas próprias necessidades de aprendizagem.

Por último, como observador, descobre-se que a observação entre iguais é o meio de formação mais eficaz para os docentes, já que lhes dá um *feedback* de sua prática, contribuindo com aspectos positivos tanto para o professor observado como para o observador que analisa a intervenção de um colega.

Após a formação da equipe docente com dedicação total à escola, formaram-se os docentes colaboradores, utilizando-se a mesma metodologia, com alguns dos docentes anteriores participando como co-orientadores, o que foi uma segunda formação para eles.

É importante destacar que todo esse processo foi guiado, supervisionado e avaliado por uma pessoa especializada nesse método (Bernabeu e Cônsul, 2004a).

Elaboração do material didático

Paralelamente à formação da equipe docente, iniciou-se o debate e a elaboração do material didático necessário à implantação do método:

Material de divulgação. Para informar os "calouros" sobre a metodologia da ABP, prática difundida na universidade pelos estudantes que participaram das jornadas organizadas pela escola para futuros alunos da universidade.

Documento de curso. Onde se encontram as competências e os objetivos da aprendizagem. Os programas de habilidades que, paralelamente ao grupo de orientação, ajudam o estudante a adquirir habilidades e destrezas, são: gestão da informação e leitura crítica, para que o estudante aprenda a realizar uma pesquisa de informação (dados, fontes e métodos para realizá-la) e também ler criticamente os documentos de trabalho; os programas de habilidades em comunicação, que lhe permitam comunicar-se de maneira eficaz; e algumas habilidades clínicas prévias à prática nos centros assistenciais (observação, exploração física e técnicas de suplência e ajuda, entre outras).

Metodologia de avaliação. A metodologia deveria ser coerente. Assim, elaborou-se um documento com os critérios e instrumentos a serem utilizados:

- *O grupo de orientação*: os critérios de avaliação do grupo de orientação foram estabelecidos com base no documento de avaliação do curso de Medicina da Universidade Nacional do Sul de Bahía Blanca, Argentina. Os conceitos avaliados são responsabilidade, habilidades para a aprendizagem, comunicação e relações interpessoais.
- *A prova escrita*: o estudante realiza individualmente o mesmo processo que no grupo de orientação, ou seja, por meio de uma situação de saúde, analisa, organiza e elabora um plano de estudos que lhe permita responder a algumas perguntas sobre o seu plano de estudos, demonstrando os conhecimentos adquiridos.
- *Os programas de habilidades* são avaliados conforme os objetivos estabelecidos para cada uma delas. Eles têm uma continuidade transversal ao longo dos estudos.
- *As práticas clínicas* em centros assistenciais avaliam a aplicação da aprendizagem em situações reais.

A avaliação é formativa e realizada no grupo de supervisão, nos programas de habilidades, nas práticas clínicas e na prova escrita. A soma das avaliações tem a finalidade de justificar as decisões acadêmicas no tocante às qualificações.

Com essa metodologia, também se avalia a competência do orientador. Para isso, utilizamos o formulário de Avaliação da Competência do Supervisor (Brand e Yin-wai, 2000), cujas premissas são:

- Ter habilidades para facilitar a aprendizagem.
- Promover o pensamento crítico dos estudantes.
- Promover a aprendizagem baseada em problemas do grupo.
- Promover o funcionamento eficiente e eficaz do grupo.
- Promover a aprendizagem individual.
- Servir como modelo para os estudantes.
- Fomentar a autoavaliação.
- Ter conhecimento dos recursos de aprendizagem dos estudantes.
- Aceitar a aprendizagem centrada no estudante, assumindo que este é o principal responsável por ela.
- Entender os objetivos do curso e do método utilizado.

A previsão e o planejamento de recursos

Qualquer mudança feita no planejamento implica disponibilizar recursos, tanto humanos como materiais.

A mudança da metodologia docente implicou um maior número de profissionais envolvidos. É óbvio que um método docente mais centrado no estudante prevê o aumento dos recursos humanos e materiais.

Vale destacar que, com relação aos recursos humanos, não somente nos referimos ao aumento dos docentes envolvidos no processo como também ao aumento da dedicação centrada majoritariamente no processo da avaliação formativa e da orientação individualizada aos estudantes, além do trabalho conjunto dos docentes, coisa que não era tão evidente com a metodologia tradicional.

Com relação aos recursos materiais, é indispensável dispor de uma biblioteca bem equipada, com acervo bibliográfico e centros de documentação anexos preparados para orientar e facilitar as pesquisas dos estudantes, assim como computadores conectados à rede e espaços de estudo. Finalmente, são necessárias pequenas salas para os trabalhos do grupo de orientação, com capacidade para aproximadamente dez estudantes (Bernabeu e Cônsul, 2004b).

Implementação escalonada

No ano acadêmico de 2001-2002, iniciou-se uma experiência-piloto que integrava os objetivos das práticas de sala de aula das disciplinas de primeiro ano, para a qual se elaboraram as competências e os objetivos de aprendizagem para esses estudantes. Para a avaliação, utilizou-se o documento de avaliação já mencionado. Essa prática de sala de aula integrada com a ABP foi mantida por esses estudantes no segundo e terceiro anos do curso.

A inovação curricular foi implementada nos anos 2002-2003, com os estudantes recém-ingressados, e manteve-se de forma progressiva no segundo e no terceiro anos. Com isso, durante os dois anos acadêmicos, as duas metodologias conviveram em nossa escola.

Níveis de mudança da inovação. O que cada um representa?

Uma inovação vai além das iniciativas pessoais, já que deve ter repercussões coletivas.

Entre as variáveis de mudança coletiva deve se considerar a evolução da cultura de uma instituição educacional:

> Em uma inovação, tem importância fundamental o sistema formado pelas pessoas e suas relações, sua formação e experiência, seus acordos e conflitos, suas expectativas e aspirações, que determinam as diferentes atitudes de implicação, indiferença ou resistên-

cia à mudança. As pessoas merecem uma atenção preferencial porque determinam a direção, dão sentido e promovem ou bloqueiam o desenvolvimento de qualquer projeto. (De la Torre, 1998)

As inovações pressupõem mudanças em nível institucional e pessoal e no tocante aos elementos formais e sua utilização

Aplicar o método da ABP implicou uma mudança em nível institucional com relação ao campo curricular. A nova estrutura organizacional implicou uma configuração profunda e pessoal no que se refere à docência e ao papel do docente, ou seja, uma mudança qualitativa, já que os docentes passaram de transmissores de informação, de centro pontual dos programas das disciplinas, a orientadores que permitem ao estudante "aprender a aprender". Os elementos formais e sua utilização se refletem nestes tópicos:

- A organização da docência passou de um grupo de oitenta a noventa estudantes por disciplina a pequenos grupos de oito a nove estudantes, em vez de somente um grupo na aula expositiva de cada uma das disciplinas.
- De uma programação semanal de trinta horas de aulas com a presença dos estudantes, à presença em duas sessões por semana em grupo de orientação de três horas cada, além de uma sessão de três horas semanais para os programas de habilidades.
- Contabilizar o trabalho pessoal do estudante no horário letivo dos grupos de orientação e dos grupos de habilidades. Para cada hora de grupo de orientação foram consideradas duas de estudo ou pesquisa de informação. E para cada hora dos programas de habilidades, uma hora de trabalho pessoal, independentemente do tempo que cada estudante dedicasse, conforme suas necessidades ou seus objetivos pessoais no processo de aprendizagem de aprofundamento dos temas.

- Contabilizar as provas escritas como dedicação do estudante à sua aprendizagem.
- Planejar orientações individualizadas de avaliação.
- Planejar o curso acadêmico em unidades de tempo.

O nível das mudanças estratégicas. Em que fase ou grau de desenvolvimento se encontra?

Para alguns autores, a inovação não reside no projeto inicial, mas na aplicação que se faz dele. Assim, Hall e Hord (1987 *apud* De la Torre *et al.*, 1988), Hord (1987 *apud* De la Torre *et al.*, 1988), De la Torre (1994) e Bolívar e Fernández (1994, *apud* De la Torre, 1998) descrevem diferentes estágios de uma inovação, com a finalidade de facilitar a intervenção ou dar o apoio oportuno. Entre esses estágios, incluem-se:

- *Não utilização*: não se tem conhecimento da inovação.
- *Orientação*: primeira fase de informação e exploração do interesse.
- *Preparação*: para um primeiro uso ou aplicação da inovação.
- *Uso mecânico*: esforços em curto prazo e uso cotidiano da inovação, sem tempo para refletir, com domínio das tarefas sem pensar no sentido ou ajuste.
- *Rotina*: estabilização do uso da inovação, quase sem mudanças ou modificações; pouca dedicação à melhoria ou à análise.
- *Depuração*: pequenas mudanças em curto ou médio prazo para melhorar; busca-se um maior impacto entre os estudantes.
- *Integração*: esforço de coordenação com o restante dos companheiros; tenta-se relacionar a inovação com outras tarefas para produzir maior impacto nos estudantes.
- *Revisão*: avalia-se a qualidade da mudança; buscam-se modificações para aumentar o impacto e se exploram novas metas. Tenta-se consolidar e interiorizar a mudança.

Para finalizar este capítulo, relataremos a situação em que nos encontramos nesse processo. A mudança curricular acabou nos anos 2004-2005, porém desde o começo da implantação da metodologia da ABP foram programadas reuniões de trabalho com várias finalidades, entre elas, compartilhar nossas preocupações e dificuldades, mas também a satisfação que nos proporcionava essa nova dinâmica como docentes, e refletir juntos, como equipe docente, sobre como continuar, ao mesmo tempo em que retificávamos, modificávamos e avançávamos em todos os aspectos e elementos que configuraram nossa inovação curricular.

Bibliografia

AGÈNCIA PER LA QUALITAT DEL SISTEMA UNIVERSITARI A CATALUNYA (2001). *Procés d'Avaluació de la Qualitat del Sistema Universitari a Catalunya*, informe 2000, Àrea Ciències de la Salut, 2001.

BELTRÁN, J. A.; PÉREZ, L. *Cómo aprender con internet*. Madri: Fundación Encuentra, 2003.

BERNABEU, M. D.; CÔNSUL, M. "Similitudes entre el proceso de convergencia en el ámbito de la educación superior europea y la adopción del Aprendizaje Basado en Problemas en la EUI Vall d'Hebron de Barcelona". *Revista Interuniversitaria de Formación del Profesorado*, v. 18, n. 1, 2004a, p. 97-107.

BERNABEU, M. D.; CÔNSUL, M. "Una experiencia global. La escuela de Enfermería de Vall d'Hebron". In: *El Aprendizaje Basado en Problemas: una herramienta para toda la vida*. Madri: BOCM, 2004b.

BRANDA, L. *Aportes para un cambio curricular en Argentina*. Buenos Aires: Facultad de Medicina, Universidad de Buenos Aires, 2001.

CONSELL CATALÀ D'ESPECIALITATS EN CIÈNCIES DE LA SALUT. *Competències de la professió d'infermeria*. Barcelona: Institut d'Estudis de la Salut, 1999.

FULLAN, M. *The meaning of educational change. Teachers*. Nova York: Columbia University Press, 1982. Citado por ANGULO, F. In: *Innovación y evaluación educativa*, AEC 31. Málaga: Elementos auxiliares de aula, 1990.

GAIRIN, J. *La organización escolar: contexto y texto de actuación*. Madri: La Muralla, 1999.

GAIRIN, J.; ARMENGOL, C. *Estrategias de acción para el cambio organizacional.* Barcelona: Praxis, 2004.

GAIRIN, J.; CASAS, M. *La calidad en educación.* Barcelona: Praxis, 2003.

GONZÁLEZ, J.; WAGENAAR, R. *Tuning educational structures in Europe.* Bilbao: Universidad de Deusto, 2003.

HANNAN, A.; SILVER, H. *La innovación en la enseñanza superior.* Madri: Nacea, 2005.

MARCHESI, A.; MARTÍN, E. *Calidad de la enseñanza en tiempos de cambio.* Madri: Alianza, 2000.

MORALES, P.; LANDA, V. "Aprendizaje Basado en Problemas. Problem-Based learning". *Theoria,* v. 13, 2004, p. 145-57.

TORRE, S. de la. *Innovación curricular. Proceso, estrategias y evaluación.* Madri: Dykinson, 1994.

TORRE, S. de la *et al. Cómo innovar en los centros educativos. Estudio de casos.* Madri: Editorial Escuela Española, 1998.

UNESCO, Jacques Delors. *La educación encierra un tesoro.* Madri: Unesco, 1996.

VECCHI, C. *et al. Guia de la evaluación de los estudiantes de la carrera de Medicina en la Universidad Nacional del Sur.* Bahía Blanca: Universidad de Bahía Blanca, 2001.

7 APRENDER COM AUTONOMIA NO ENSINO SUPERIOR

JOAN RUÉ
Universitat Autònoma de Barcelona

Por que a autonomia é tão importante na aprendizagem?

Nos últimos quinze anos, a noção de autonomia na aprendizagem abordada neste capítulo vem adquirindo importância na prática do ensino superior em todo o mundo e, consequentemente, também na literatura sobre metodologia universitária. As razões desse crescente interesse estão em diversas fontes, estreitamente relacionadas.

É natural que enfatizem argumentos de ordem didática e psicológica na literatura sobre metodologia de ensino. Mas costuma-se desprezar a importância das transformações sociais, inerentes a qualquer mudança, inclusive na forma de ensinar. Nos últimos tempos, muito se escreveu sobre transformações sociais e modelo de sociedade. Um aspecto importante que se destaca nessa noção de mudança é a transição da *sociedade industrial* para a *sociedade do conhecimento*, em que muitas questões se relacionam intimamente à educação. Assim, podemos citar, entre outros, o valor agregado do indivíduo e sua formação tanto na produção como no desenvolvimento social e cívico[1];

---

1. Veja importantes opiniões em diversos relatórios e linhas de ação que coincidem a esse respeito, como a Conferência de Ministros da UE de Lisboa (março de 2000) sobre a Europa da Inovação e do Conhecimento: <http://europa.eu/scadplus/leg/es/cha/c10241.htm>; os relatórios da OCDE sobre Educação, mais con-

a descontinuidade nas biografias profissionais e pessoais ao longo da vida ativa[2] e sua relação com o conceito de aprendizagem; ou mesmo o estímulo dos governos de países mais desenvolvidos ao investimento público e privado para o avanço científico e tecnológico, o que pressiona as instituições formadoras de futuros profissionais.

Por trás dessa mudança, há outras razões muito fortes. A configuração das *novas sociedades* e da própria noção de democracia e sua progressiva ampliação requerem cidadãos capazes de *refletir sobre si mesmos*. Assim, emerge a noção de *reflexividade*, abordada por sociólogos como Guiddens ou Beck[3]. Às noções anteriores somam-se outras, como as de *sustentabilidade,* que levam à necessidade de repensar o conhecimento empírico e tecnológico atual para situá-lo em novos contextos e paradigmas de desenvolvimento. Nestes, os agentes sociais e técnicos tornam-se também *políticos*, na medida em que são capazes de reconsiderar e ponderar as diretrizes que fundamentam a ideia vigente de *mudança* e *desenvolvimento*[4] para, com base em outras perspectivas, buscar respostas para os problemas subjacentes a ela.

Finalmente, podemos considerar dois fenômenos complementares que também levaram a refletir sobre uma formação mais autônoma. O desenvolvimento da educação *a distância,* oferecida pelas universidades especializadas, ou cursos e graduações *on-line* disponibilizados por escolas convencionais, de caráter presencial. Em segundo lugar, o aumento dos recursos e conteúdos formativos de alto nível disponíveis na

---

cretamente os relatórios Pisa; ou diferentes contribuições teóricas e práticas, como aquelas de dois prêmios Nobel asiáticos, Amartya Sen, em Economia sobre o desenvolvimento, ou o prêmio Nobel da Paz, Muhammad Yunus, e seu Greemen Bank.

2. Veja, por exemplo, o recente trabalho de Sennett, *La cultura del nuevo capitalismo*, para não mencionar outros clássicos do mesmo autor, como *La corrosión del carácter.*
3. Saiba mais sobre esse conceito em Beck (2002).
4. O recente documentário de Al Gore sobre mudanças climáticas – *Uma verdade inconveniente* – é um bom exemplo disso.

web, elaborados por prestigiosas universidades de livre acesso, que substituem com vantagem a tradicional função docente, exclusivamente transmissiva e diretiva.

Em seu conjunto, essas grandes e diferentes linhas de opinião vislumbram um duplo cenário educacional. De um lado, destaca-se a importância da educação no desenvolvimento humano e produtivo e sua continuidade ao longo da vida ativa das pessoas, em um contexto cada vez mais vinculado às tecnologias da informação e comunicação (TICs) e aos diferentes ambientes virtuais de aprendizagem; de outro, a necessidade de transferir todo esse conhecimento a um plano prático de formação, com a dificuldade de desenvolvê-lo em contextos ainda dominantes, de aulas, de conteúdos e materiais fundamentalmente informativos.

Nesse cenário, de alunos que descobrem seus pontos fortes, seus interesses, suas necessidades e competências na aprendizagem e para a aprendizagem, configuram-se os novos pilares do desenvolvimento das relações de ensino e aprendizagem. De fato, as referências apontadas remetem ao papel central do indivíduo que aprende no processo educativo e às relações que ele é capaz de estabelecer com aquilo que lhe é oferecido. Um bom exemplo seria a ideia que fundamenta a mudança no *modelo de Bolonha* para as universidades europeias: "desenvolver seu potencial de aprendizagem, ou, em outras palavras, desenvolver neles a competência de *aprender a aprender*".

No entanto, para enfrentar esse desafio social e educacional, não basta a boa vontade dos professores e responsáveis pela formação superior; há de se assumir a visão dos discentes e suas possibilidades, ao contrário do que se observa hoje de maneira generalizada. Trata-se de considerar o ensino um entorno específico criado pelos professores para que os alunos pensem e se percebam no processo de apropriação do conhecimento e em seu próprio desenvolvimento como aprendizes.

Daí a crescente influência de estratégias metodológicas baseadas em projetos, em casos ou em problemas, ao combinar o avanço do conhecimento empírico com a pesquisa científica; o impacto formativo de situações deliberativas de trabalho, em que a interação em um pequeno grupo é fundamental; também a importância cada vez maior de vincular teoria e práticas profissionais. São estratégias em que os indivíduos devem aprender a desenvolver pontos de vista próprios e embasá-los com evidências, elaborando suas estratégias cognitivas e respectivas ferramentas de trabalho.

Tudo isso nos leva a refletir sobre a necessidade de desenvolver o potencial de *agente* de cada aluno, sua capacidade de *administrar* seu desenvolvimento educativo ou sua capacidade de atuar com autonomia no processo de aprendizagem. Para avançar nessa reflexão, temos de analisar a construção das práticas de ensino e aprendizagem na perspectiva de professores e alunos.

Significados de autonomia e suas consequências

Podemos recordar um desejo e uma queixa constantes dos professores: que seus alunos sejam mais autônomos. Tal queixa está relacionada com o fato de eles não serem suficientemente ou absolutamente autônomos. Por que esses desejos não se realizam?

Ao abordar os diferentes significados do termo *autonomia* na aprendizagem, não podemos esquecer algo habitual nos conceitos de natureza cultural como o que nos ocupa e constatar o caráter multifacetado de seus significados. Em princípio, devemos nos referir aos aspectos que, neste texto, definirão o significado de *aprender com autonomia* (Aa). Isso permitirá diferenciá-los daqueles que não constituem mais que formas parciais, ou situações circunstanciais, daquela mesma autonomia. Tal distinção não pretende emitir nenhum juízo de valor sobre estas últimas, dado que, em determinadas circunstâncias, podem ser necessárias e até indispensáveis.

Não é de estranhar que nesta seção encontremos como sinônimos termos que, na verdade, não o são, ou que se referem a contextos bastante diferentes: autoaprendizagem, ensino individualizado, aprendizado *on-line* ou a distância, estudo independente, autoformação, aprendizagem autodirigida, trabalho não-dirigido etc. O fato é que ter acesso próprio a fontes de informação, aprender a distância, trabalhar sozinho, estudar em casa ou fora da sala de aula, seguir processos de autoinstrução ou autoaprendizagem ou fazer um estágio podem ser condições necessárias, mas não são suficientes para o desenvolvimento da autonomia pessoal e intelectual.

A relativa autonomia dos alunos no uso do tempo de aprendizagem, no livre acesso a materiais de todo tipo, na distância física dos professores, pode remeter a situações de dependência e não de autonomia. Algumas dessas situações podem sugerir uma relativa autonomia no aproveitamento do tempo, dos materiais e dos espaços, mas não uma competência absoluta de autorregular a própria aprendizagem.

Ao tomarmos os aspectos que, para um aluno, implicam toda situação de aprendizagem (ver figura 1) – informações, atividades, materiais e orientações para sua aplicação, seu desenvolvimento e sua avaliação –, vemos que o desenvolvimento (ou construção) de sua autonomia, ou seja, sua capacidade de se autoguiar, não depende apenas de saber o que fazer e por onde avançar e continuar (*direção*), tampouco de saber como fazer ou trabalhar e até onde (*sentido*), mas, fundamentalmente, do potencial de autorregulação dessa atividade.

| **Figura 1** | A autorregulação, chave no desenvolvimento da Aa.

Enquanto o potencial *regulador* estiver centrado no professor, a situação de aprendizagem – seja ela *on-line* ou presencial, por meio de aulas dirigidas ou em estágios – não desenvolverá realmente a autonomia do aluno. Por outro lado, a autorregulação da situação ou do contexto de aprendizagem deveria levar o aluno a desenvolver mais o sentido e a direção dela. Essas oportunidades fortaleceriam suas *prévisões* do resultado de seu processo de aprendizagem.

Em decorrência, parece ser útil diferenciar tudo que esteja além da ideia de autonomia das condições necessárias para o seu próprio desenvolvimento como uma competência pessoal de autonomia no âmbito cognitivo e de sua responsabilização, em maior ou menor grau. De acordo com Thanasoulas (2002) – que baseia suas reflexões na aprendizagem das segundas línguas –, o que torna um aprendiz autônomo é:

- Ter claro o seu estilo de aprendizagem e suas estratégias.
- Adotar um enfoque comunicativo nas tarefas que realiza.
- Estar disposto a assumir riscos e a cometer erros.
- Fazer as lições e tarefas pessoais, independentemente de estar ou não sendo avaliado.
- Dar importância aos conceitos formais e à sua assimilação.

Para abordar as diferentes concepções do termo *autonomia*, proponho distinguir entre três grandes possibilidades deste conceito (Benson, 1996, *apud* Finch, 2001): enfatizar o *caráter técnico* da autonomia de quem aprende, fortalecer sua *dimensão cognitiva* e destacar sua *dimensão política*, ou seja, a capacidade de ser agente do próprio aprendizado. No quadro 1, apresentamos cada uma delas: seus conceitos, pré-requisitos e exemplos.

| **Quadro 1** | Três enfoques da autonomia na aprendizagem.

ENFOQUE TÉCNICO

Características	Condições	Exemplos
▪ Fortalece o aprendizado em determinados aspectos: conteúdos, procedimentos etc., independentemente dos marcos institucionais da aula e da instituição educacional e sem a intervenção direta dos professores.	▪ O estudante escolhe os tempos, certas metodologias, a ordem dos materiais, os procedimentos etc. de acordo com as referências do professor. ▪ O ponto de vista do trabalho é definido pelo programa, pelo professor e pelo sistema de avaliação.	▪ O desenvolvimento autônomo de certas práticas e habilidades; o estudo com livre acesso aos materiais de referência, a determinados processos, à execução de certos exercícios e a problemas e exemplos de avaliação.

ENFOQUE COGNITIVO

▪ É a capacidade que todo aluno aprende a desenvolver ou a melhorar quando assume ativamente (ou lhe encarregam de fazê-lo) determinada responsabilidade sobre o seu aprendizado. ▪ Implica uma transformação interna, que pode ou não ter um caráter situacional. ▪ Requer algum nível de autonomia técnica.	▪ Implica assumir uma responsabilidade significativa sobre o próprio aprendizado, referente ao processo de elaboração e resolução finais. ▪ Cabe ao estudante definir um tema concreto (ou atividade), a metodologia, os tempos, determinada documentação sobre este e autorregulação do próprio aproveitamento. ▪ A avaliação pode se dar por portfólio, trabalhos apresentados etc. ▪ O ponto de vista do trabalho abrange, além do que já foi dito, as experiências prévias, o ponto de vista do aluno e as condicionantes do contexto.	▪ O desenvolvimento de um projeto, um caso, um trabalho de campo; a elaboração de uma modelização, um problema aberto, uma proposta própria, uma pequena pesquisa etc. ▪ Também entrariam nesta situação os exemplos de trabalho flexível, em que o estudante pode escolher trabalhar um tema entre um repertório proposto e equivalente.

(continua)

(continuação)

ENFOQUE POLÍTICO OU DE CAPACIDADE DE SE GUIAR		
Características	**Condições**	**Exemplos**
▪ Desenvolve um controle quase total sobre o processo e o conteúdo da aprendizagem. ▪ Implica um significativo grau de transformação cognitiva e pessoal. ▪ Requer um prévio grau de autonomia.	▪ Implica total responsabilidade e liberdade para assumir todo o processo de aprendizagem: da definição do campo e do tema até os objetivos, os conteúdos, a metodologia e seus resultados, bem como os critérios básicos que os definem. ▪ Basicamente, o aluno decide quando o trabalho está pronto. ▪ Desenvolve-se sob a supervisão periódica de um tutor ou orientador. ▪ O trabalho se baseia fundamentalmente na experiência do aluno e no contexto em que é realizado.	▪ Um trabalho de pesquisa, uma tese, um projeto aberto etc.

Essas situações de autonomia podem acontecer pelo ensino presencial, *on-line* ou a distância – individualmente *ou* em pequenos grupos.

De qualquer forma, todos os autores concordam que o desenvolvimento da capacidade de pensar e de agir não se produz de maneira fragmentada no processo educacional. Nesse sentido, admite-se que:

- Desenvolve-se uma maior autonomia no pensar e no fazer quando se pensa e se faz no próprio contexto ou processo formativo, e não depois dele ou de maneira independente; um contexto de dependência raramente gera autonomia.
- Essa autonomia se desenvolve nos contextos de atividade em sala de aula, em cursos acadêmicos de titulação, graduação e pós-graduação, o que envolve, de alguma maneira, todos os educadores.

- Esse desenvolvimento requer uma reflexão cuidadosa sobre as condições em que se deve produzir, evitando, assim, possíveis efeitos indesejados. Sem refletir sobre essas condições, acreditar que o ensino com autonomia é, por si só, eficaz não passa de uma suposição ingênua (Dickinson, 1987, Little, 1991 e Cotterall, 1995, 1999, citados em Finch, 2001).
- A noção de autonomia se entende pelo princípio ético de responsabilidade sobre as próprias decisões.

O desenvolvimento da autonomia como competência pessoal

Vimos que estudar ou fazer qualquer coisa por conta própria – sozinho ou em grupo – é um traço apenas circunstancial da autonomia. Como se argumentou, esta só se desenvolve como uma competência pessoal relativa ao ato de aprender quando aquele que aprende tem a oportunidade de exercer algum tipo de controle, seja dos procedimentos, seja dos conceitos, do processo, do progresso da própria aprendizagem, de alguns dos parâmetros dela, de seus resultados, no contexto em que essa aprendizagem se realiza.

Além disso, o desenvolvimento da autonomia na aprendizagem se baseia em outras habilidades ou capacidades que os alunos já têm. Nesse caso, é preciso reativá-las – assim como usar certas atitudes pessoais – e aperfeiçoar determinados níveis delas, para que se possa exercê-las significativamente (Benson, 2006).

Na concepção de autonomia, entendida como *competência* cognitiva e pessoal, consolidam-se dois aspectos bem específicos:

- Manifestar-se como um objetivo de formação a que se aspira durante o próprio processo de aprendizagem. Portanto, ainda não a dominamos propriamente nos estágios iniciais ou intermediários de determinada aprendizagem. Cada um dos passos que a configuram deve ser aprendido de um modo ou de outro.

- Assumir esse objetivo com base em um enfoque complexo em seu desenvolvimento. Nessa concepção, a autonomia é potencializada à medida que, em um contexto determinado, são conjugados certos parâmetros: os objetivos do aprendizado, o controle do próprio tempo, as atitudes pessoais, os materiais, as situações de trabalho, os procedimentos e habilidades pessoais, ou mesmo a interação com os demais, aliados à possibilidade de (auto) administrar esse conjunto.

Na figura 2, descrevem-se os requisitos básicos para o aprendizado autônomo, entendido como competência do aluno, adotando-se seu ponto de vista.

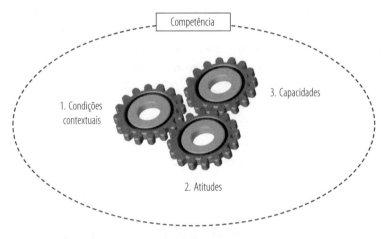

| **Figura 2** | Requisitos para o desenvolvimento da aprendizagem autônoma.

Uma ideia relacionada com o que expusemos é que nem as condições contextuais, nem as atitudes ou capacidades, exercem uma função pré-determinada no desenvolvimento dessa competência. Na verdade, temos de considerar o desenvolvimento daquela como algo dinâmico, um processo mais espiralado que linear. Em outras palavras, no processo de aquisição de um maior potencial de autonomia na aprendizagem, vê-se que as atitudes, as condições contextuais e as capacidades se inter-relacionam, positivamente ou não. O quadro 2 nos dá alguns exemplos desses conceitos.

| **Quadro 2** | Requisitos e exemplos para o desenvolvimento da competência em autonomia.

CONDIÇÕES CONTEXTUAIS	ATITUDES	CAPACIDADES
■ Abordar um problema importante e relativamente acessível do ponto de vista intelectual ou da prática profissional.	■ Assumir o desenvolvimento pessoal como um desafio.	■ Compreender a informação à qual tem acesso.
■ Ter uma carga de trabalho razoável nesse contexto.	■ Valorar positivamente a relação custo-benefício da aprendizagem sugerida no que se refere ao desenvolvimento pessoal.	■ Saber administrar tempo, espaço etc. e as interações sociais necessárias.
■ Ter um emprego efetivo e autônomo do tempo, dos espaços, dos materiais etc.	■ Saber controlar a frustração.	■ Ter acesso aos requisitos prévios e procedimentos básicos necessários para alcançar o resultado e, além disso, conhecê-los e dominá-los.
■ Acesso a fontes de informação relevantes.	■ Mostrar certo nível de perseverança.	
■ Algum apoio externo.	■ Ter segurança pessoal (afetiva e cognitiva) diante do risco.	■ Ter a capacidade básica de analisar os processos e os resultados.
■ Dispor de critérios de referência para o trabalho.		
■ Confiança no juízo de valor externo.		
■ Ter certo grau de (auto) controle e domínio sobre o que é apresentado.		

De acordo com o exposto, pode-se inferir que:

- Nem todos os contextos de aprendizagem necessariamente favorecem a autonomia em termos funcionais ou operacionais, ainda que seus responsáveis afirmem isso.

- Nem todas as pessoas terão interesse de escolher entre ser ou não ser autônomas diante de determinadas condições institucionais, contextuais ou específicas de um aprendizado concreto.
- Uma estratégia ou atividade que potencialmente favoreceria a autonomia na aprendizagem não tem o mesmo efeito sobre todos os alunos, contextos ou situações de aprendizado.

Contudo, em termos positivos, pode-se inferir também que:

- A autonomia na aprendizagem é uma competência que se desenvolve.
- Os níveis mais altos de desenvolvimento correspondem aos enfoques mais profundos da aprendizagem.
- O princípio de trabalho autônomo favorece a correspondência das atividades com estilos pessoais de aprendizagem, diferentes para cada pessoa.
- Os professores podem, intervindo sobre as condições contextuais, apoiando atitudes favoráveis e controlando ou dando apoio às capacidades exigidas dos alunos, favorecer a autonomia.
- O nível de desenvolvimento dessa autonomia pode variar de aluno para aluno, segundo as condições de aprendizagem, suas experiências e interesses pessoais.
- Conforme essas orientações, os professores também podem desenvolver sua própria competência profissional para a evolução da autonomia na aprendizagem dos alunos.

Com base nesses conceitos, ao assumir o propósito de desenvolver a competência da aprendizagem em autonomia, proponho considerar mais o entorno e os traços que o definem do que o próprio conceito. Nesse sentido, as seguintes condições são fundamentais (Rué, 2007):

- Pressupõe aprender a desenvolver uma gestão eficiente da informação, saber usar as possíveis fontes, os meios tecnológicos para chegar a elas etc.
- Significa desenvolver um amplo conjunto de habilidades ligadas à gestão eficiente do tempo disponível, com planejamento funcional e realista da própria atividade de aprendizagem ou de atuação, e a capacidade de estabelecer metas factíveis que suponham certa dose de desafio pessoal.
- Implica, também, desenvolver habilidades de trabalho, de estudo e de pesquisa, tanto individual como em equipe, e estimular a autocrítica necessária ao aperfeiçoamento do trabalho, para, assim, gerar novas ações, em um constante ciclo de renovação.
- Requer o amadurecimento de atitudes como flexibilidade, imaginação, abertura a novas informações e a outras situações e metodologias.
- Pressupõe aprender a revisar e contrastar o trabalho realizado para examiná-lo à luz de critérios próprios ou externos, o que exige desenvolver determinados recursos e a instrumentos para a autorregulação do próprio trabalho.

Algumas evidências importantes

Entre as diversas fontes de evidências que poderiam fundamentar o que já se disse, destaco um estudo recente, muito interessante, realizado por Kirk, Bélisle e McAlpine na Universidade McGuill, do Canadá (Kirk, Bélisle e McAlpine, 2003). Nele, mostra-se a importância de algumas situações e práticas de aprendizagem para o desenvolvimento da autonomia, na opinião dos alunos entrevistados. Assim, parece fundamental trabalhar com projetos, em equipes e fazer leituras por conta própria. Essas atividades se sobressaem por serem as mais adequadas para o desenvolvimento da aprendizagem autônoma. Ainda que em menor grau, a redação de relatórios, as pesquisas sobre problemas específicos e as apresentações orais diante da classe também se revelaram úteis.

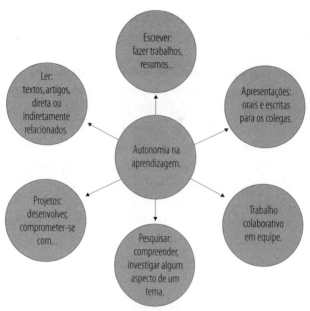

| **Figura 3** | Atividades de aprendizagem que estimulam a autonomia do aluno (baseado em Kirk, Bélisle e McAlpine, 2003).

Entre os dados desse estudo, podemos destacar, pelo interesse que desperta, a evidência de que algumas atividades são avaliadas diferentemente pelos alunos em função do nível de formação e do período em que foram entrevistados, o que confirma a hipótese de que as atividades, por si próprias, não estimulam a autonomia – elas devem se inserir em um processo e contexto que as favoreçam.

Os alunos também constatavam que o ensino de uma disciplina por meio da aplicação exaustiva de exercícios[5] e participação em atividades de aprendizagem ativa ao longo do curso contribuía para o seu aprendizado.

---

5. *Exercícios* são, para os autores desse estudo, atividades de orientação acadêmica realizadas pelos professores, prática com problemas e anotações em exercícios e provas.

Em síntese, para Kirk e sua equipe, as atividades de ensino mais favoráveis à aprendizagem autônoma seriam as seguintes, segundo a avaliação dos alunos:

1. Tomar para si a responsabilidade de estudar, o que requer um forte comprometimento pessoal.
2. Trabalho e reflexão pessoal: ler, informar-se, elaborar resumos escritos etc.
3. Interação e socialização do conhecimento e das avaliações internas e externas de suas criações: apresentações, troca com os colegas etc.

Autonomia e níveis de aprofundamento na aprendizagem

Tal como analisamos, a autonomia na aprendizagem não é uma "propriedade" do aluno, uma habilidade decorrente de seu capital social ou cultural, mas resultado das condições específicas do contexto e dos objetivos que se buscam. Entre essas condições se sobressai a chamada oportunidade de desenvolver um nível de *aprofundamento* na aprendizagem.

Com base nos trabalhos clássicos de Bloom, em 1956, sobre taxonomia de objetivos na aprendizagem, diversos autores, como Biggs (1999), Trigwell e Prosner (1999), Rué (2007), entre outros, defenderam diferentes posições para argumentar sobre os níveis ou graus de profundidade na aprendizagem, partindo de um ponto comum: a aprendizagem pode ter diferentes registros e resoluções, desde os mais superficiais até os mais profundos. Compará-los pela técnica de polarização permitiria detalhar os traços prototípicos de cada um.

Tendo como referência os níveis de aprendizagem descritos por Bloom, com a ressalva do debate sobre seus significados, formulei o esquema[6] representado na figura 4.

---

6. Veja Biggs (1999); Marton, Hounsell e Entwistle (1997); Ramsden (1992); Prosser e Trigwell (1999).

Aprofundar implica mais autonomia para o estudante

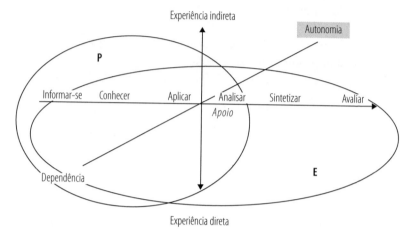

P = espaço de ação do professor; E = espaço de ação dos estudantes.

| **Figura 4** | Grau de autonomia e profundidade na aprendizagem.

Vê-se nesta figura que o espaço de maior autonomia atinge um ponto que só pode ser ocupado pelo estudante (E), pois o professor (P) só pode ocupar o espaço que prepara a aprendizagem mais profunda. O espaço de autonomia está estreitamente ligado àquele de atividades mais complexas, embora as experiências associadas – direta ou indiretamente – possam ser indiferentes conforme a atividade ou o campo de conhecimento correspondente.

Há de se considerar que enquanto os três níveis iniciais da relação ensino-aprendizagem (informar, conhecer e aplicar) são, para o professor, de natureza transitiva, os três seguintes têm caráter intransitivo. Não se podem apresentar nem ensinar como os anteriores, posto que somente o estudante pode aprendê-los e desenvolvê-los, com base nas condições criadas pelos docentes. Não podem fundamentar-se apenas na ação – diretiva – do professor, mas ter por base a *atividade* do aluno, o que requer considerável autonomia intelectual e de comportamento e raciocínio. Consequentemente, a noção de autonomia incorpora a intencionalidade educativa no aprendizado, ligada conceitualmente ao desejo de maior rigor e complexidade no uso do conhecimento.

| **Quadro 3** | Diferenças entre enfoques da aprendizagem (segundo Benson, 2006).

ENFOQUE SUPERFICIAL NA APRENDIZAGEM	ENFOQUE PROFUNDO
As atividades ligadas ao ato de aprender se orientam fundamentalmente à...	
▪ Reprodução da informação, de acordo com as demandas externas (modo de avaliação). ▪ Aquisição dos requisitos mínimos e à aprovação nos exames de avaliação, em vez de ir além do que é ensinado.	▪ Compreensão e à atribuição de sentido àquilo que se aprende. ▪ Criação de significados e elaboração de ideias próprias.
Em suas estratégias de aprendizagem, os alunos...	
▪ Concentram-se em módulos ou fragmentos de informação de maneira isolada, em vez de relacioná-los ou de tentar compreender a estrutura daquilo que se está aprendendo. ▪ Limitam o estudo àquilo que se considera mais essencial. ▪ Aprendem memorizando a informação com o propósito de reproduzi-la. ▪ Podem desenvolver emoções ou atitudes negativas sobre aquilo que se está aprendendo.	▪ Centram-se no significado do que aprendem e no desenvolvimento de suas próprias concepções sobre o conteúdo. ▪ Relacionam as ideias e estabelecem conexões com suas experiências anteriores. ▪ Questionam o que é ensinado, debatem suas ideias com os demais e enriquecem a discussão analisando diferentes pontos de vista. ▪ Provavelmente vão além do que é pedido. ▪ Provavelmente desenvolvem atitudes e emoções positivas em relação à aprendizagem.

Entretanto, não se chega a essa etapa sem antes percorrer o trajeto inicial: estar bem informado, conhecer e saber aplicar o que se aprendeu. Para isso é necessário definir os principais requisitos técnicos de um segundo nível, que busca o aperfeiçoamento da autonomia pessoal e cognitiva diante do processo de aprendizagem.

Outro fator que compromete a aprendizagem autônoma, talvez o mais importante, é a existência de condições que favorecem o aprendizado superficial. Assim, podemos nos perguntar por que os alunos aprovam esse modelo didático. Vejamos algumas razões apresentadas por alguns autores:[7]

- Determinadas maneiras de avaliar o conhecimento reforçam o enfoque superficial. O aluno pode ser aprovado em uma disciplina tendo apenas conhecimento empírico, muita informação, reconhecendo certas informações etc.
- Os alunos comprovaram na vida acadêmica que esse modelo lhes garantia o êxito, em grande parte pela razão anterior.
- Os estudantes não recebem um retorno adequado, em curto ou médio prazo, em relação ao seu progresso e às dificuldades que devem superar.
- A maneira de ensinar não deixa claros os principais propósitos da matéria, sua estrutura geral, nem as conexões entre os temas, o que impede o estudante de estabelecer conexões entre os temas.
- O desenvolvimento dos conceitos não parte do que o aluno já sabe, nem considera esse conhecimento, daí a dificuldade de associar o próprio saber com o que lhe é oferecido.
- O conteúdo ensinado é maior que o tempo disponível dos alunos, não sendo possível participar de novos trabalhos, com outros materiais e maior aprofundamento.
- Os alunos, envolvidos com outras atividades, dedicam o tempo mínimo necessário à sua aprovação na matéria.
- O ensino centra-se no professor e baseia-se na transmissão de informações.
- Os alunos não conseguem perceber nenhum valor intrínseco na matéria, e o ensino que recebem também não os ajuda nisso.

---

7. Com base nas ideias de Biggs (1999); Prosser e Trigwell (1999); Ramsden (1992).

- Os estudantes desenvolveram uma espécie de cinismo, de ansiedade e outras atitudes negativas em relação aos trabalhos propostos ou a uma disciplina específica.

Epílogo

Nas páginas anteriores descrevemos como o desenvolvimento da autonomia na aprendizagem vai além do desejo retórico dos professores e adentra o terreno da organização de contextos e processos de aprendizado, nos quais os alunos terão, em suas diferentes fases e condições, um importante papel nas dimensões de autocontrole e de autorregulação.

No entanto, essa condição geral requer outras, fundamentais: os professores precisam criar condições para que o trabalho incorpore situações didáticas que favoreçam a aprendizagem profunda, como as pesquisas científicas; que se produzam materiais facilitadores para os docentes. Sobretudo, alunos e professores devem *aprender* que, em médio prazo, ganham em desenvolvimento pessoal, profissional e técnico com essa abordagem.

Bibliografia

BECK, U. *La sociedad del riesgo global*. Madri: Siglo XXI, 2002.
BENSON, P. "Autonomy and its role in learning". In: CUMMINS, J.; DAVISON, C. (orgs.). *The international handbook of English language teaching, v. 2*. Norwell: Springer, 2006.
BENSON, P. "Concepts on autonomy in language learning". In: PEMBERTON, R. et al. (orgs.). *Taking control: autonomy in language learning*. Hong Kong: Hong Kong University Press, 1996, p. 27-34.
BIGGS, J. *Teaching for quality learning at university*. Buckingham; Filadélfia: Society for Research into Higher Education; Open University Press, 1999.
FINCH, Andrew. "Autonomy. Where are we? Were are we going?". Apresentação na Jalt Cue Conference on Autonomy, 13-14 de maio 2001, The Hong Kong Polytechnic University.

Kirk, A.; Bélisle, M.; McAlpine, L. "Successful strategies for learning in Engineering: results of student survey", 2003. Disponível em: <http://www.education.mcgill.ca/learning_engineering/SLE_2003.pdf>.

Marton, F., Hounsell, D.; Entwistle, N. (orgs.). *The experience of learning: implications for teaching and studying in higher education*. Edimburgo: Scottish Academic Press, 1997.

Prosser, M.; Trigwell, K. *Understanding learning and teaching: the experience in Higher Education*. Buckingham; Filadélfia: Society for Research into Higher Education; Open University Press, 1999.

Ramsden, P. *Learning to teach in higher education*. Londres: Routledge, 1992.

Rué, J. *Enseñar en la universidad: el EEES como reto para la educación superior*. Madri: Narcea, 2007.

Sennett, R. *La corrosión del carácter*. Barcelona: Anagrama, 2000.

Sennett, R. *La cultura del nuevo capitalismo*. Barcelona: Anagrama, 2006.

Thanasoulas, D. "What is learners autonomy and how can it be fostered", 2002. Disponível em: <http://iteslj.org/Articles/Thanasoulas-Autonomy.html>.

8 APRENDIZAGEM BASEADA EM PROBLEMAS E METODOLOGIA DA PROBLEMATIZAÇÃO: IDENTIFICANDO E ANALISANDO CONTINUIDADES E DESCONTINUIDADES NOS PROCESSOS DE ENSINO-APRENDIZAGEM

Isonir da Rosa Decker
Peter A. J. Bouhuijs
Universidade de Stellenbosch, África do Sul; Universidade de Maastricht

Introdução

Nas últimas décadas, temos assistido a importantes reformas no setor brasileiro de educação para as profissões da saúde. Desde os anos 1970, a hegemonia do ensino tradicional baseado em disciplinas e em atenção médico-hospitalar – em que as ciências básicas são ensinadas antes da clínica, e os estudantes têm o primeiro contato com os pacientes no estágio final de seu treinamento – vinha sendo confrontada pelo desenvolvimento de ideias e projetos educacionais alternativos. Tais iniciativas visavam à introdução de uma perspectiva mais social na formação de recursos humanos para o setor de saúde (Caldas Jr. *et al.*, 1996; Soares, Gil e Ito, 1996). Nos idos de 1990, o Conselho Nacional de Educação estabeleceu as mudanças nas diretrizes curriculares que indicavam as bases para o desenvolvimento de um modelo mais apropriado nos processos de ensino-aprendizagem (Brasil, 1996; Feuerwerker e Marsiglia, 1996).

Pela necessidade de organizar e oferecer serviços mais eficientes e efetivos, as novas diretrizes propunham a modificação estratégica do paradigma educacional, com vistas a reduzir a distância entre as necessidades e demandas do setor e os resultados dos modelos educacionais utilizados pelas organizações de ensino em saúde (Caldas Jr. et al., 1996; Soares et al., 1996; Feuerwerker e Marsiglia, 1996; Machado, Caldas Jr. e Bortoncello, 1997). Por conseguinte, a área de educação para as profissões de saúde no Brasil tornou-se um cenário favorável ao desenvolvimento de modelos educacionais fortemente orientados pelos modernos princípios pedagógicos da educação de adultos e de ensino em serviço/comunidade, como alternativas para a revisão das perspectivas e práticas tradicionais nos processos de ensino-aprendizagem (Caldas Jr. et al., 1996).

Um aspecto fundamental, e que representa o eixo central do presente capítulo, é o debate em torno dos modelos adotados inicialmente no Brasil por algumas escolas médicas e de enfermagem: a metodologia da problematização (Berbel, 1995, 1996, 1998; Rezende et al., 2007; Zanotto e De Rose, 2003) e a aprendizagem baseada em problemas (ABP) (Barros e Lourenço, 2006; Batista et al., 2005; Coelho Filho et al., 1998; Cyrino e Rizzato, 2004; Massonetto et al., 2004).

Alguns autores partem da premissa de que tais metodologias problematizadoras se direcionam para o alcance de diferentes metas e objetivos, apresentam caminhos distintos na condução do processo ensino-aprendizagem e, por conseguinte, conduzem a diferentes resultados educacionais (Berbel, 1998; Cyrino e Toralles-Pereira, 2004). Outros descrevem experiências de coexistência e mesmo de integração e articulação de ambos os modelos no planejamento de cursos e na condução de processos educativos (Batista et al. 2005; Cyrino e Rizzato, 2004).

No contexto privilegiado da presente coletânea de autores e experiências educacionais com metodologias problematizadoras, este capítulo tem como propósito introduzir, oportunamente, a metodologia da problematização e o debate em torno das similaridades e diferenças entre seu processo de aprendizagem e resultados educacionais e aqueles desenvolvidos e produzidos pela ABP. Nossa expectativa é ampliar o interesse, promovendo a reflexão e o diálogo entre educadores, pesquisadores, estudantes e profissionais envolvidos com o desenvolvimento dessas práticas problematizadoras do ensino--aprendizagem. Não temos, portanto, a pretensão de reduzir ou inflamar o debate, nem queremos assumir uma posição "neutra". De fato, este capítulo é produto de interesse e reflexões baseadas na revisão da literatura relacionada à análise das duas metodologias educacionais, bem como no diálogo baseado na experiência de um dos autores com a ABP, na Holanda e na África do Sul, e de outro com a metodologia da problematização, no Brasil.

As origens da ABP e da metodologia da problematização no Brasil

Um aspecto importante na análise das similaridades entre a metodologia da problematização e a ABP é o fato de que, mesmo considerando os diferentes contextos em que tais metodologias foram originalmente desenvolvidas, ambas tiveram um surgimento bastante pragmático. As duas metodologias de ensino surgiram das experiências e crenças pessoais de educadores que compartilhavam uma visão pessimista e crítica sobre vários aspectos do ensino tradicional, especialmente aqueles relacionados à educação de adultos. De fato, os professores (médicos e outros profissionais das ciências básicas) que na década de 1960 desenvolveram primariamente a ABP para o currículo da escola médica da Universidade de McMáster, em Hamilton (Evensen e Hmelo, 2000; Rideout, 2000; Savery e Duffy, 2001),

> não foram guiados por nenhum fundamento em psicologia educacional ou ciências cognitivas, apenas pela esperança de que estudantes seriam estimulados por essa experiência; perceberiam a relevância daquilo que estavam aprendendo para (assumir) as suas futuras responsabilidades; manteriam um alto grau de motivação para o aprendizado; e passariam a entender a imporância de atitudes profissionais consequentes. (Hmelo e Evensen, 2000, p vii, tradução nossa)

Mas, apesar da ausência inicial de bases teóricas estritas para fundamentar sua origem, a adoção extensiva da ABP ao longo dos anos vem determinando os esforços recentes de educadores/pesquisadores em todo o mundo para conectá-la com diversas teorias e filosofias educacionais, como aquelas derivadas das ideias e perspectivas de Dewey e Brunner. Por outro lado, inúmeras pesquisas e estudos longitudinais vêm sendo realizados para investigar o alcance de seus propósitos e objetivos e analisar seus processos e resultados. Muitos deles podem ser encontrados no site da Universidade de Maastricht (http://www.unimaas.nl/pbl) (atualizado em 2001) e no site da Universidade de Southern Illinois (http://www.pbli.org/bibliography), entre outros. A ABP tem início com a apresentação de um problema (no papel ou em vídeo) a um pequeno grupo de estudantes, que devem analisá-lo com a ajuda de um professor. A sessão termina quando os próprios alunos, depois das discussões e análises em grupo, formulam os objetivos para sua aprendizagem. Em seguida, cada aluno deve dedicar seu tempo à coleta de informações e aos estudos para atender àqueles objetivos. Na próxima sessão, os alunos são motivados a apresentar os resultados do estudo individual e a avaliar em grupo "o que" e "como" aprenderam.

No Brasil, a ABP vem sendo implementada desde a década de 1990, quando foi adotada nos currículos de educação médica da Universidade de Marília, no Estado de São Paulo, e da Universidade de Londrina, no Paraná (Batista *et al.* 2005; Coelho Filho, Soares e Sá, 1998).

A origem da metodologia da problematização, por sua vez, apesar de pragmática, não se deu primeiramente num contexto acadêmico. Na década de 1970, um educador chamado Charlez Maguerez desenvolveu um método de ensino-aprendizagem sistematizado na forma de um "arco" (figura 1), como produto de seu trabalho de consultoria aos técnicos do Serviço de Extensão Rural do Estado de São Paulo. Tal processo de aprendizagem tinha como propósito motivar trabalhadores rurais – até então resistentes às inovações técnicas –

para o aprendizado e a incorporação das novas tecnologias e práticas agrícolas (Bordenave, 2005). Coube a Juan Diaz Bordenave[1] a oportunidade de desenvolver e aplicar o "método do arco", de Maguerez, no ensino superior, mais precisamente no Instituto Superior de Relações Públicas do Paraguai (Bordenave e Pereira, 2007).

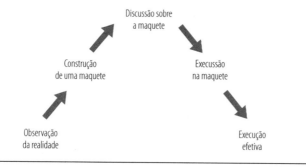

Fonte: Bordenave e Pereira, 2007, p. 49.

| **Figura 1** | Representação do método do arco de Charlez Maguerez

Mais tarde, em 1988, no livro *Estrategias de enseñanza-aprendizaje* [*Estratégias de ensino-aprendizagem*, 28. ed.] Bordenave e Pereira descreveram sistematicamente o método do arco, renomeando as etapas 2 ("construção de uma maquete"), 3 ("discussão sobre a maquete") e 4 ("execução na maquete"), como mostra a figura 2.

---

1. Juan Diaz Bordenave nasceu em 5 de fevereiro de 1926, na cidade de Encarnación, sul do Paraguai. Formou-se em Agronomia e é doutor em Comunicação. Seus estudos pioneiros na área de Comunicação para as Inovações Agrícolas no Nordeste brasileiro, na década de 60, e, mais tarde, em diferentes países sul-americanos, tornaram-se modelos para a capacitação de recursos humanos na América Latina. Tem oferecido consultoria internacional em Comunicação e Educação em diversos organismos da Organização das Nações Unidas, como FAO, OIT, Unesco, Unep e Unicef.

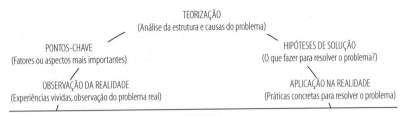

Fonte: Bordenave, 2005, p. 3.

| **Figura 2** | Representação do esquema de arco adaptado por Bordenave e Pereira

No Brasil, a metodologia da problematização foi adotada pioneiramente como metodologia educacional para as profissões da saúde mediante o empenho e a dedicação da dra. Neusi Berbel[2]. Desde 1992, a educadora e seus colaboradores vêm desenvolvendo, descrevendo, investigando e analisando os aspectos gerais, históricos e filosóficos dessa metodologia, bem como seus processos e resultados. Mas, apesar da extraordinária produção científica dos últimos anos, a literatura relativa à metodologia da problematização ainda é consideravelmente pouco extensiva. Muitos desses trabalhos e pesquisas estão disponíveis no site da Universidade Estadual de Londrina (UEL) (http://www2.uel.br/pessoal/berbel/metodologia_da_problematização/).

---

2. Neusi Aparecida Navas Berbel formou-se em Pedagogia e é doutora em Educação. Atua desde 1972 na formação pedagógica de professores do Departamento de Educação da Universidade Estadual de Londrina (UEL), no Paraná. Atualmente trabalha no Programa de Mestrado em Educação da UEL, na Linha de Pesquisa Docência no Ensino Superior. Há quinze anos vem se dedicando ao desenvolvimento, à pesquisa e à publicação de trabalhos sobre a metodologia da problematização.

No que se refere a suas raízes teóricas e filosóficas, a metodologia da problematização vem sendo consistentemente conectada, entre outros, com os princípios e as ideias de Paulo Freire (Berbel, 1998, 1999; Batista *et al.*, 2005; Cyrino e Toralles-Pereira, 2004).

> A problematização encontra nas formulações de Paulo Freire um sentido de inserção crítica na realidade para dela retirar os elementos que conferirão significado e direção às aprendizagens. No movimento ação-reflexão-ação são elaborados os conhecimentos, considerando a rede de determinantes contextuais, as implicações pessoais e as interações entre os diferentes sujeitos que aprendem e ensinam. (Batista, N. *et al.*, 2005, p.2)

> A "problematização" tem nos estudos de Freire [...] uma formulação que enfatiza a percepção de que os problemas, os temas a serem estudados, partem de um cenário real, em que educação e investigação temática são momentos de um mesmo processo. (Cyrino e Rizzato, 2004, p. 62)

Nos anos 1950, o educador humanista e revolucionário Paulo Freire criou um método para alfabetização de adultos no Nordeste brasileiro. Mais tarde, a reflexão e a análise daquelas experiências de ensino problematizador forneceram os elementos que fundamentaram sua teoria do conhecimento. Adicionalmente, introduziram os conceitos pedagógicos de "educação bancária", "consciência crítica", "relações dialógicas", "educação como práxis transformadora", entre outros. Tais ideias e reflexões foram sistematizadas pelo educador, em 1968, no manuscrito *Pedagogia do oprimido*, que desde sua primeira publicação em 1970 vem sendo considerado uma referência básica da pedagogia crítica.

> Freire atacou a "educação bancária", onde os professores, detentores do saber, fazem "depósitos" de conhecimento na cabeça vazia dos alunos, e propôs o "círculo de cultura" como um méto-

do alternativo. Na forma de diálogo, o "círculo de cultura" tem início com a apresentação de problemas, utilizando a experiência dos estudantes como forma legítima de conhecimento e desenvolvendo a linguagem crítica por meio daquelas experiências. (Daigre, 2000, p. 1, tradução nossa)

Freire (1996) considerava a educação um instrumento fundamental de intervenção e mudança social. Essa orientação metodológica voltada para a "ação" é considerada um elemento-chave em suas teorias. Dewey, da mesma forma, acreditava num tipo de educação cujos resultados fossem capazes de produzir melhorias sociais. Mas de fato, as teorias de Freire foram desenvolvidas em um contexto, no qual a emergência de graves problemas sociais demandava uma ação mais radical, por meio de uma abordagem educacional de inspiração política. Mas mesmo depois de ter sido considerada uma metodologia "liberal", a ABP tornou-se rapidamente conectada às tentativas mundiais de melhorar a relevância da educação para as profissões da saúde. Adicionalmente, as Universidades de McMaster e Maastricht tornaram-se símbolos e modelos para reforma educacional nos currículos das profissões da saúde.

Temos consciência dos riscos que envolvem a análise desses dois modelos educacionais, adotados e desenvolvidos em distintos contextos socioeconômico-culturais e com uma distância histórica de trinta anos. Apesar disso, o objetivo do presente capítulo é oferecer uma breve perspectiva de como se processam o ensino e a aprendizagem na metodologia da problematização, além de suas continuidades e descontinuidades com esses mesmos processos na ABP.

O processo de ensino-aprendizagem na metodologia da problematização: buscando similaridades e distinções com a ABP

Em ambas as metodologias, o papel da *experiência* e do *contexto* é consistentemente enfatizado como crítico componente para o aprendizado. Tanto quanto na ABP, na metodologia da problematização a utilização de problemas da vida real e das atividades significativas é considerada elemento motivacional e contextual para a aprendizagem do aluno, sujeito ativo no processo de construção do conhecimento (Batista *et al.*, 2005; Berbel, 1995, 1996, 1998; Cyrino e Toralles-Pereira, 2004; Rezende *et al.*, 2007; Zanotto e De Rose, 2003).

Nesse sentido, para identificarmos onde as possíveis continuidades e descontinuidades entre a as duas estratégias problematizadoras ocorrem, gostaríamos de convidar o leitor a analisar quatro importantes áreas na metodologia da problematização: as metas/os objetivos educacionais; as características do planejamento do curso/curriculum; o papel e o perfil do professor; o processo de ensino-aprendizagem. (A descrição e a análise mais pormenorizada desses mesmos aspectos relacionados à ABP podem ser encontradas nos capítulos 3, 7 e 9).

Objetivos educacionais

Partindo da premissa de que toda abordagem ou estratégia educacional tem uma racionalidade própria, consideramos de grande relevância a comparação da metodologia da problematização e da ABP sob esse aspecto.

Bordenave e Pereira (2007) consideram o estabelecimento dos objetivos educacionais – definidos como amplos propósitos e valores que devem incorporar uma perspectiva humanística, profissional e comunitária para o desenvolvimento integral do aluno – um processo preliminar e determinante para o planejamento do ensino na metodologia da problematização. Nessa perspectiva, a metodologia da problematização tem como meta

> [...] a mobilização do potencial social, político e ético dos alunos, que estudam cientificamente para agir politicamente, como cidadãos e profissionais em formação, como agentes sociais que participam da construção da história de seu tempo, mesmo que em pequena dimensão. (Berbel, 1998, p. 7)

Tal propósito é consistente com a as proposições da pedagogia crítica, que

> [...] define educação como atividade em que professores e alunos são mediatizados pela realidade que apreendem e da qual extraem o conteúdo da aprendizagem, atingem um nível de consciência dessa realidade, possibilitando a transformação social. (Vila e Vila, 2007, p. 1.180)

Os conceitos de "conscientização", "emancipação" e "transformação social" são, portanto, essenciais na definição de metas ou propósitos educacionais para dirigir o processo de ensino-aprendizagem na metodologia da problematização. Sendo assim, o que deve motivar esse processo é a ação-reflexão-ação na própria realidade, em que os conteúdos da aprendizagem devem ser identificados pela reflexão crítica e investigatória sobre uma situação problemática.

> [...] a aprendizagem ocorre por meio de ação motivada, o que é aprendido não decorre da imposição ou memorização, mas sim do nível crítico de conhecimento ao qual se chega pelo processo de compreensão, reflexão e crítica. (Vila e Vila, 2007, p. 1.180)

Adicionalmente, autoconhecimento e autorreflexão são objetivos educacionais considerados essenciais nessa metodologia. Eles devem motivar estudantes e professores a refletir criticamente para alcançar um entendimento contextual e multidiciplinar da situação-problema, identificando suas causas e consequências (conscientização), promovendo emancipação, intervenção e transformação nos níveis individual, grupal e social. Sendo assim, a metodologia da problematização:

> Volta-se para a realização do propósito maior que é preparar o estudante/ser humano para tomar consciência de seu mundo e atuar intencionalmente para transformá-lo, sempre para melhor, para um mundo e uma sociedade que permitam uma vida mais digna para o próprio homem. (Berbel, N, 1998, p. 144)

Tais objetivos, de forte caráter social e político, encontram seus fundamentos na "pedagogia libertadora" de Paulo Freire (1996). O estabelecimento de tais metas e objetivos educacionais, voltados para o alcance da transformação social e política, não existe *a priori* na ABP. Apesar do já mencionado recente processo de desenvolvimento no Brasil, um grupo representativo de educadores e pesquisadores envolvidos com a metodologia da problematização vem produzindo estudos que consideram o alcance de alguns aspectos relacionados àqueles objetivos e metas educacionais (Chirelli, 2002; Rosa, 2001; Giannasi e Berbel, 1998; Farah e Pierantoni, 2003; Godoy e Souza, 2001; Kipper, Santos e Stein, 2008; Nakatani, 2002). Mas, embora o alcance das metas relacionadas à transformação social e política tenha uma posição central na metodologia, existem poucas referências específicas sobre o quanto e como essas metas vêm sendo alcançadas nos programas de educação superior no Brasil.

Na ABP, tais objetivos educacionais têm sido definidos também de acordo com a perspectiva construtivista, que enfatiza o desenvolvimento das habilidades do pensamento crítico, do entendimento, do aprender a aprender e do trabalho grupal e cooperativo. Segundo Barrows e Kelson (s/d, *apud* Putnam, 2001, p. 6), os objetivos educacionais da ABP direcionam os alunos para:

- desenvolver uma abordagem sistemática para a solução de problemas da vida real utilizando habilidades mentais superiores, como aquelas relacionadas à resolução de problemas, ao pensamento crítico e à tomada de decisões;
- adquirir uma base ampla de conhecimentos integrados, que possam ser acessados e aplicados a diferentes situações;
- desenvolver habilidades para a aprendizagem autodirigida, identificando o que é preciso aprender, localizando e utilizando recursos apropriados, aplicando a nova informação/conhecimento na resolução de problemas [...];
- desenvolver atitudes e habilidades necessárias para o trabalho efetivo em equipe [...];

- adquirir o hábito permanente de abordar um problema com iniciativa e diligência, mantendo a propensão para a aquisição dos novos conhecimentos e habilidades necessários para a sua resolução;
- desenvolver o hábito da autorreflexão e autoavaliação, que lhes permita considerar honestamente seus pontos fortes e suas fraquezas, bem como o estabelecimento de metas realísticas. (Tradução nossa)

A ABP já conta com um número importante de pesquisas e estudos longitudinais que consideram o alcance de seus objetivos educacionais (e suas consequências), especialmente aqueles relacionados à aquisição e à integração do conhecimento, bem como ao desenvolvimento das habilidades para resolução de problemas, aprendizagem autodirigida e pensamento crítico (Lee, 2002; Newman, Ambrose, Corner, Vernon, Quinn e Wallis, 2001).

Mas, apesar de não ser muito comum na ABP o estabelecimento apriorístico de metas e objetivos educacionais de alcance social e político, sua implantação vem sendo frequentemente conectada às estratégias para a reorientação das práticas na atenção à saúde (World Health Organization, 1993). Nessa perspectiva, Burch (2001, p. 193) destaca diversas características da ABP que a tornam especialmente apropriada para os cursos de Ciências Sociais, uma vez que,

> [...] pelo uso de problemas [...] e pelo trabalho em grupo de alunos, o curso da ABP pode ser, por si só, modelo para [o desenvolvimento de] atitude política e participação democrática. (Tradução nossa)

Da mesma forma, Baden (1988, p. 28) já afirmava que, por meio da ABP,

> [...] os estudantes, como futuros profissionais, seriam incentivados a tornar-se questionadores e críticos, profissionais que [...] analisam as inadequações da política e as deficiências da prática. Assim, estudantes [...] tenderiam a ver a aprendizagem e a epistemologia como entidades flexíveis, perceberiam que existem outras manei-

ras válidas de ver as coisas, além das próprias perspectivas, e aceitariam que todos os tipos de saberes podem ajudá-los a "conhecer" melhor o mundo. [...] Modalidades de aprendizagem como essa [...] podem tornar-se para nós não apenas uma teoria da aprendizagem, mas também um exercício profissional, por meio do qual valores e práticas podem ser apresentados, explorados e contestados à luz da experiência vivida. (Tradução nossa)

Mesmo assim, alguns autores ainda insistem em considerar a metodologia da problematização superior à ABP no que se refere ao alcance de efeitos e resultados que vão além do domínio cognitivo (Cyrino e Toralles, 2004, p. 785):

> A problematização é mais propícia para encorajar os alunos [...] a refletirem sobre a situação global de estudo de uma realidade concreta, com seus conflitos e contradições. Trata-se do estudo da realidade dinâmica e complexa [...]. Ambas [a ABP e a metodologia da problematização] ajudam os alunos a reverem seu processo de aprendizagem; todavia, a problematização volta-se com o fito de questionar o quanto determinada experiência mudou a compreensão, a apreensão, as atitudes e o comportamento de cada membro do grupo (alunos e professores), visando à consciência crítica, e não apenas à compreensão dos conceitos e mecanismos básicos da ciência – objeto da ABP. Supera, portanto, o domínio cognitivo do conhecimento.

De fato, não existem evidências que sustentem a afirmativa de que a ABP não é capaz de produzir níveis de conscientização, emancipação ou *empowerment* para a transformação social. Por outro lado, também não existem evidências claras de que a metodologia da problematização venha alcançando tais objetivos. Essa constatação deve ser tomada pelo leitor como motivadora para o desenvolvimento de futuros estudos e pesquisas relacionados ao alcance daqueles efeitos e resultados educacionais em ambas as metodologias.

O planejamento de curso/currículo

A importância do planejamento de curso ou currículo é considerada fundamental por ambas as metodologias. Na ABP, a instrução está fundamentada no planejamento de um ambiente de aprendizagem, no qual alunos são estimulados por meio de um processo de aprendizagem colaborativo, autodirecionado e contextualizado. Nesta oportunidade, vamos descrever e analisar alguns aspectos relacionados ao planejamento de curso ou currículo na metodologia da problematização.

Bordenave e Pereira (2007) reconhecem a importância da descrição dos objetivos da aprendizagem em termos de conhecimento, habilidades intelectuais e psicomotoras, atitudes e valores que devem ser desenvolvidos pelos alunos. Entretanto, os autores recomendam que tais objetivos, no planejamento de instrução dessa metodologia, sejam descritos de acordo com os conceitos de Eisner, que propõe uma distinção entre objetivos "instrucionais" e "expressivos". Objetivos expressivos da aprendizagem são aqueles que descrevem uma situação educativa para o aprendizado, em vez de enfatizar a aquisição daquilo que já é conhecido. Eles fornecem aos estudantes e professores oportunidades que permitem a re-elaboração e modificação daquilo que já é conhecido, ou mesmo o desenvolvimento de um novo conhecimento, processo ou tecnologia. Naturalmente, o alcance de tais objetivos deve ser medido considerando a relevância, a originalidade e a efetividade daquilo que os estudantes criaram ou desenvolveram.

Adicionalmente, e para atender ao propósito de fornecer aos estudantes oportunidades de aprender determinado conteúdo mediante perspectivas múltiplas e interdisciplinares, a metodologia da problematização adota os conceitos e fundamentos do "currículo integrado" (Davini, 1994; Laluna e Ferraz, 2003; Nakatani, 2002; Santos et al., 2007; Vila e Vila, 2007). Orientada pelos objetivos instrucionais e expressivos de aprendizagem, a organização da instrução nessa perspectiva integrada pressupõe uma estrutura de curso/currículo desenvolvida na forma de uma "espiral", em que cada unidade de ensino mantém certa autonomia em relação às demais, mas ao mesmo tempo é articulada com as outras unidades para alcançar a totalidade das áreas de atribuições e do perfil profissional (Davini, 1994).

Em consonância com os objetivos e a organização integrada dos conteúdos da aprendizagem, os "problemas" com base nos quais o processo de aprendizagem deverá ser iniciado são previamente identificados, analisados e selecionados pelos professores/planejadores do curso. Uma vez que essa metodologia considera a "realidade" um elemento essencial para o desenvolvimento da metodologia, no lugar de construir ou elaborar previamente os problemas, a seleção de situações (cenários) no qual o(s) fenômeno(s) e/ou problema(s) (co)exista(m) é uma tarefa fundamental no planejamento da instrução.

Considerando a natureza do problema a ser estudado, as características gerais dos alunos, bem como os princípios construtivistas para a organização, integração e facilitação do processo de construção do conhecimento, a estrutura pedagógica da instrução na metodologia da problematização será sistematizada por meio de uma sequência de atividades ou tarefas de aprendizagem cuidadosamente planejadas por professores e deve assegurar o movimento contínuo e progressivo de ação-reflexão-ação (Berbel, 1998; Cyrino e Rizzato, 2004; Godoy e Souza, 2001; Vila e Vila, 2007).

Seminários, estudos de casos, dinâmicas de grupo, jogos de papéis, aulas teóricas, leituras em grupo, *brainstormings*, entre outros, serão também previamente selecionados, ou elaborados, e incluídos na sequência de atividades da instrução. Textos de apoio e referências bibliográficas também fazem parte do conjunto do material instrucional que deverá ser utilizado tanto pelos alunos como pelos professores/facilitadores.

Portanto, é possível considerar que, na ABP e na metodologia da problematização, a instrução será sistematizada com base na apresentação de um problema previamente selecionado ou de uma situação problemática. Essa seleção é feita, na maioria dos casos, por professores envolvidos no processo de planejamento de curso. Entretanto, no caso da metodologia da problematização, os problemas utilizados são obtidos pela "imersão" de alunos e professores em "contextos/cenários reais". Certamente, essa diferença específica de desenvolvimento e utilização de problemas nos modelos instrucionais da ABP e da metodologia da problematização determinará grandes descontinuidades no perfil e no papel dos professores, bem como na condução dos processos de ensino-aprendizagem. Mas ainda não podemos afirmar "se", "o quanto" ou "como" essa diferença na apresentação de problemas determinará diferentes resultados educacionais entre essas duas metodologias problematizadoras.

Embora em publicações originais sobre a ABP a importância da utilização de situações reais (que poderiam ser simuladas) já tenha sido mencionada, vários currículos organizados conforme essa metodologia vêm utilizando uma variedade de problemas pré-elaborados, que variam desde a utilização de um caso real até a descrição sumária de dada situação, em que diferentes tipos de detalhes são intencionalmente excluídos. Esse tipo de desenvolvimento no planejamento da instrução na ABP fundamentou-se nos resultados de pesquisas que evidenciavam um aumento considerável do interesse e da motivação do aluno em procurar a resposta/solução de um problema (ou situação problemática) para o qual ele não tenha uma explicação imediata. Dessa forma, um problema na ABP é considerado um poderoso instrumento didático, construído e utilizado como "atividade autêntica" para conduzir e guiar a atenção dos alunos.

O perfil e o papel do professor

Na metodologia da problematização, um professor, a fim de desenvolver seu papel de facilitador do processo de aprendizagem, precisa posicionar-se ao lado do aluno, para dialogar e compartilhar suas percepções, análises e sínteses de uma situação de aprendizado ou de um problema extraído da própria realidade (Berbel, 1998; Vila e Vila, 2007).

A educação baseada na reflexão, no diálogo e na troca de experiências entre educador/educando e profissional/cliente possibilita que ambos aprendam juntos, por meio de processo emancipatório. [...] uma nova proposta pedagógica, fundamentada na certeza de que o aluno é sujeito ativo no processo de construção do conhecimento, cabendo ao professor a condução dos processos de ensino e aprendizagem pelo permanente desafio do raciocínio do aluno, pela integração de novos conhecimentos às experiências prévias. (Vila e Vila, 2007, p. 1.181)

Nesse sentido, uma importante característica na condução do processo de aprendizagem na metodologia da problematização é o fato de o professor/facilitador ter um papel mais ativo e participante na identificação, definição, descrição, seleção e resolução do problema. A metodologia, diferentemente de na ABP, requer a aplicação dos conhecimentos e experiências do professor para promover o desenvolvimento cognitivo, crítico, reflexivo e independente dos alunos e de si mesmo (Berbel, 1998; Cyrino e Toralles-Pereira, 2004; Vila e Vila, 2007). Porém, como facilitador, o professor deve caminhar ao lado do aluno e, quando necessário, intervir com informações mais sistematizadas. Dessa forma, ele estabelece uma ponte entre os conhecimentos prévios do estudante e o novo conteúdo a ser apreendido. O professor deve desafiar os alunos a pensar criticamentente, tendo como ponto de partida o contexto histórico, cultural, econômico e social em que o problema está inserto.

Uma vez que a metodologia da problematização requer que, no processo de condução/facilitação, o professor também reflita e atue sobre a realidade, é possível que ele seja confrontado com uma situação ou um problema desconhecido e imprevisível. Nesse caso, ele poderá contribuir com os alunos na construção de um conhecimento, um processo ou uma tecnologia que seja necessário para a resolução de tal situação ou problema específico. Para desenvolver os conhecimento, habilidades e atitudes necessárias ao facilitador da metodologia da problematização, a participação em um treinamento específico, que pode variar de 40 a 80 horas/aula, é uma condição fundamental.

Consistentemente com os princípios construtivistas, na ABP o papel fundamental do professor/tutor é permitir que estudantes se apropriem do problema com autonomia e independência, sem impor processos ou metodologias de trabalho. De acordo com Barrows (1992, *apud* Savery e Duffy, 2001, p. 12),

> A capacidade do tutor na utilização de habilidades facilitadoras do ensino durante o processo de aprendizagem em pequenos grupos é o maior determinante da qualidade do sucesso de qualquer método educacional que vise a desenvolver as habilidades do pensamento ou do raciocínio (resolução de problemas, metacognição, pensamento crítico) dos alunos, respeitando a maneira como eles aprendem, e contribuir para que se tornem independentes, aprendizes autodirecionados (aprender a aprender, gerenciar o aprendizado). Tutoria é uma habilidade de ensino central para a aprendizagem baseada em problemas, a aprendizagem autodirecionada. (Tradução nossa)

Desde seus primórdios, a ABP vem enfatizando a importância dos papéis do professor/tutor, como aquele que estimula o aluno a encontrar as próprias respostas por meio de discussão em grupo, leitura de livros e artigos, consulta a especialistas etc. O aprendizado autodirecionado é um elemento-chave no desenvolvimento da ABP, bem como o desenvolvimento autônomo do aluno. Em contraste com a metodologia da problematização, o papel do diálogo entre tutor e aluno não visa à troca de impressões, entendimentos ou análise de dado problema. Essa troca deverá acontecer, na realidade, durante as atividades de grupo, na relação aluno-aluno. Ao professor da ABP, portanto, não cabe o papel de sistematizar o conhecimento necessário à análise ou resolução do problema. Essa deve ser, em consonância com seus princípios e metas, uma tarefa do próprio aluno e uma habilidade fundamental a ser desenvolvida para a vida e a prática profissional.

O processo ensino-aprendizagem

Apresentação do problema

Na metodologia da problematização, a primeira etapa da experiência educativa deve conduzir alunos e professores/facilitadores a um cenário ou realidade específico(a), em que se confrontarão, sem nenhuma preparação anterior, com a manifestação real de um problema específico ou de múltiplos problemas relacionados, tal qual eles se manifestam na vida real (Freire, 1996).

Essa etapa inicial deverá motivar e direcionar os alunos a observar aquela situação de aprendizagem de acordo com seus próprios valores, perspectivas, crenças ou conhecimentos – o que Freire (1996) denominou "visão ingênua" ou "percepção mágica" da realidade. O facilitador deve conduzir os estudantes a observar cuidadosamente e registrar sistematicamente a percepção deles sobre a situação.

Subsequentemente, discussões em pequenos grupos permitem que alunos e facilitadores compartilhem aquelas opiniões e percepções individuais. Alunos serão motivados a usar seus conhecimentos prévios para identificar, com base nas suas observações e nas discussões em grupo, dificuldades, necessidades, deficiências, discrepâncias, relações e inconsistências que deverão ser definidas e listadas como "problemas".

É evidente que, para garantir que os objetivos da aprendizagem sejam atendidos, o facilitador terá um papel fundamental nessa etapa, conduzindo o foco e a atenção dos alunos para aquele problema específico (ou múltiplos problemas relacionados) cujo processo de resolução envolva a apreensão dos conteúdos a ser adquiridos ou das habilidades e atitudes a ser desenvolvidas pelos alunos. A seleção e a redação final do(s) problema(s) a ser trabalhados pelo(s) grupo(s) deve concluir as atividades de aprendizagem nessa fase inicial.

Na ABP, por sua vez, o processo de aprendizagem tem início quando uma situação ou tarefa, na qual um problema relevante ainda precisa ser definido, é apresentada ao grupo de alunos. A definição do problema é, em contraste com o que acontece na metodologia da problematização, uma tarefa exclusiva dos alunos, devendo resultar do processo de discussão em grupo. Para engajar os estudantes nesse processo, a tarefa, a situação ou o problema deve ser planejado de tal forma que atenda às diferentes características de uma "atividade autêntica". Em outras palavras, é a construção e o planejamento apropriado da situação ou tarefa na etapa inicial dessa metodologia que devem dirigir o foco da atenção dos alunos, e não a condução ou a interferência do professor/tutor.

Reflexão e análise do problema

Conforme a seleção e descrição do problema (ou dos múltiplos problemas relacionados) a ser trabalhado pelos alunos, a próxima etapa da metodologia da problematização deve motivá-los ao processo de reflexão e análise que conduza à identificação dos "pontos-chave" do problema. Estes devem ser, ou incluir, as informações, os conteúdos, as habilidades ou as atitudes que ainda precisam ser desenvolvidos pelos alunos nessa etapa do programa. É dessa maneira que a metodologia garante os elementos que fornecerão significado e motivação para preparar os alunos para a próxima etapa do arco de Maguerez (figura 2).

Na ABP, após a definição do problema, os alunos são motivados a usar as informações/conhecimentos que já possuem e, desenvolvendo as habilidades de pensamento reflexivo, analisar o problema, identificando aqueles conhecimentos que ainda precisam ser adquiridos. Cada estudante terá a oportunidade de expressar seu entendimento atual do problema, e o resultado da discussão deverá ser registrado. A essa altura, o grupo inicia o processo de geração de hipóteses sobre causas ou explicações para o problema. Em outras palavras, os alunos são conduzidos a identificar os aspectos-chave necessários para sua resolução.

Ao fim dessa etapa, os conteúdos que os alunos ainda não adquiriram e que são requeridos na solução do problema serão listados por eles como objetivos para o aprendizado, preparando-os para a próxima etapa da metodologia.

Aquisição/construção do conhecimento

Essa etapa da metodologia da problematização é denominada "teorização". Nesse estágio, os alunos são conduzidos a um processo de investigação ativa para buscar a informação necessária ao entendimento ou à resolução do problema. Eles são estimulados a pesquisar em livros, artigos ou relatórios de pesquisa, assim como a aplicar questionários, participar de aulas expositivas, organizar seminários, entre outros. Algumas atividades de leitura (textos de apoio) são desenvolvidas ainda durante as atividades de grupo em sala de aula.

Na ABP, essa etapa do processo de aprendizagem não visa apenas à aquisicão do conhecimento necessário à resolução do problema, mas ao desenvolvimento da habilidade do aluno para o aprendizado autodirecionado. Em contraste com a metodologia da problematização, nessa etapa as atividades investigatórias devem ser carreadas individual e exclusivamente pelos alunos depois do encerramento das atividades em grupo. O objetivo é, de fato, desenvolver nos alunos habilidades para que aprendam a localizar, avaliar e utilizar os recursos apropriados para o aprendizado contínuo, ao longo da vida acadêmica e profissional.

Aplicação do conhecimento

A essa altura da metodologia da problematização, o pensamento crítico e criativo deve ser estimulado para aplicação dos novos conhecimentos e informações adquiridos na elaboração das hipóteses para a resolução do problema que deu origem ao processo. Adicionalmente, alunos e professores são reconduzidos ao cenário em que o processo teve início, a fim de intervir no problema de maneira prática e reflexiva. Essa intervenção no cenário real pode conduzir alunos e professores à identificação de um novo conjunto de problemas ou situações de aprendizado. Em outras palavras, eles podem ser reconduzidos à etapa inicial do arco de Maguerez, para o início de um novo ciclo de aprendizagem.

Na ABP, a etapa de aplicação do conhecimento adquirido pelos alunos no estágio anterior deve ocorrer nas atividades de grupo. Nesse momento, eles são motivados a comunicar o que aprenderam e a fonte de onde obtiveram a informação. A partir desse ponto, e exercitando as habilidades do pensamento crítico e a aplicação imediata do conteúdo recentemente adquirido, os alunos são motivados a rever e analisar o registro das hipóteses iniciais, até à resolução definitiva do problema que deu início ao processo de aprendizagem.

Conclusão

Neste capítulo, dirigimos o olhar para as similaridades e distinções entre a ABP e a metodologia da problematização. As semelhanças ou continuidades nos processos (caminhos) de aprendizagem são aparentes: o trabalho em pequenos grupos; a análise inicial de uma situação ou tarefa que conduz à definição de um problema; os elementos motivacionais para a aquisição e integração do novo conhecimento; a aplicação e avaliação imediata do novo conteúdo; entre outros.

Descontinuidades são também evidentes e já foram devidamente assinaladas no decorrer deste capítulo. Porém, uma importante distinção no processo de aprendizagem dessas metodologias é o fato de, na metodologia da problematização, o aluno só iniciar o processo de construção das hipóteses para a solução do problema após a aquisição dos novos conhecimentos ou informações. Dessa forma, ele não é estimulado, na fase inicial do processo, a buscar soluções próprias, baseadas em conhecimentos ou habilidades prévias (Cyrino e Rizzato, 2004; Massonetto *et al.*, 2004). Na ABP, ao contrário, a perspectiva e a tomada de decisão do aluno na fase inicial do processo para a solução do problema é um exercício que tem consequências fundamentais em seu desenvolvimento. No decorrer do processo, os alunos serão capazes de avaliar e julgar, por si mesmos, se as perspectivas ou hipóteses iniciais do problema são capazes de conduzir à sua efetiva e apropriada resolução. Na ABP, as atividades de aprendizagem autodirecionadas, mais do que o papel sistematizador do professor/facilitador na metodologia da problematização, são fatores cruciais para garantir que os alunos alcancem ativamente uma nova perspectiva do problema que originou o processo de aprendizagem.

Berbel (1998), afirma que a ABP e a metodologia da problematização representam, de fato, diferentes caminhos para o aprendizado. Entretanto, têm sido comuns as dificuldades de professores, envolvidos tanto com a ABP quanto com a metodologia da problematização, em identificar e fundamentar tais diferenças.

Em nossa perspectiva, ambas as metodologias – originadas em diferentes contextos socioeconômico-culturais – compartilham muitos elementos da aprendizagem ativa. Atualmente, a ABP vem sendo aplicada em diversos países e se beneficiando das pesquisas relacionadas à sua aplicação e efetividade, desenvolvendo-se com base nelas. Por outro lado, ela tem sido desenvolvida de acordo uma abordagem educacional que permite que seja aplicada sob várias e diferentes circunstâncias e em diferentes áreas de conhecimento.

A metodologia da problematização fundamenta-se nas ideias do grande educador brasileiro Paulo Freire, que influenciou muitos educadores a assumirem uma abordagem diferente para o conceito de desenvolvimento humano. Entretanto, tem sido considerada uma estratégia adequada *apenas* para temas que tenham um conteúdo social ou político, nos quais teria resultados mais efetivos se comparada à ABP. Nossa opinião é que tais afirmações aprioristicas não são capazes de conduzir ao debate e ao diálogo, que certamente permitiriam o crescimento e o desenvolvimento de ambas as metodologias problematizadoras na realidade brasileira. Ao contrário, criam "ilhas" e isolam atores sociais engajados e motivados à transformação e à mudança do paradigma educacional.

Consideramos, ainda, a grande relevância e as inúmeras possibilidades de desenvolvimento e aplicação de um modelo educacional, genuinamente brasileiro, no atendimento das necessidades de formação de recursos humanos do país. Porém, advogamos a necessidade de desenvolvimento de pesquisas que superem tanto a análise superficial do processo ensino-aprendizagem na metodologia da problematização quanto aquelas posições apriorísticas que afirmam que esta, em algumas áreas de formação, é capaz de produzir resultados educacionais diferentes daqueles produzidos pela ABP.

Concluímos o presente capítulo tomando as palavras de Venturelli (s/d, *apud* Berbel, 1998, p. 153): "As verdadeiras inovações são resultantes das características, necessidades e imaginação de quem as faz... A mudança é parte do processo educacional. Os métodos vão melhorando e continuaremos aprendendo".

Bibliografia

ARAÚJO, U. F.; SASTRE, G. (orgs.). *El aprendizaje basado en problemas: una nueva perspectiva de la ensenhanza en la universidad*. Barcelona: Gedisa, 2008.

BADEN, M. S. "Equipping students for employment through problem-based learning: realizing curricula change across the boundaries". Paper apresentado no congresso Managing Learning Innovation: The Challenges of the Changing Curriculum, University of Lincolnshire and Humberside, 1-2 set. 1988. Disponível em: <http://ultibase.rmit.edu.au/Articles/dec98/savin2.htm>. Acesso em nov. 2008.

BARROS, N. F.; LOURENÇO, L. C. A. "O ensino da saúde coletiva no método de aprendizagem baseado em problemas: uma experiência da Faculdade de Medicina de Marília". *Revista Brasileira de Educação Médica*, v.30, n.3, p.136-46, dez. 2006.

BATISTA, N.; BATISTA, S. H.; GOLDENBERG, P.; SEIFFERT, O.; SONZOGNO, M. C. "O enfoque problematizador na formação de profissionais da saúde". *Revista de Saúde Pública*, v. 39, n. 2, p. 231-237, 2005.

BERBEL, N. A. N. "A metodologia da problematização e os ensinamentos de Paulo Freire: uma relação mais que perfeita". 1999.

_____. "A metodologia da problematização no ensino superior e sua contribuição para o plano da práxis". *Semina – Ciências Sociais/Humanas*, Londrina, v. 17, ed. especial, nov., p. 7-17, 1996.

_____. *Metodologia da problematização: experiências com questões de ensino superior, ensino médio e clínica*. Londrina: Eduel, 1998.

_____. "Metodologia da problematização: uma alternativa metodológica apropriada para o ensino superior". *Semina – Ciências Sociais/Humanas*, Londrina, v. 16, n. 2, ed. especial, p. 9-19, out. 1995.

_____. "Problematization and problem-based learning: different words or different ways?" *Interface – Comunicação, Saúde, Educação*, v. 2, n. 2139-54, 1998.

BORDENAVE, J. D. "El método del arco: una forma de hacer educación problematizadora". *Decisio – Educación Popular*, Michoacán, jan.-abr. 2005. Disponível em: <http://tariacuri.crefal.edu.mx/decisio/d10/sab6-1.php?revista=10&saber=6http://tariacuri.crefal.edu.mx/decisio/d10/sab6-1.php?revista=10&saber=6>. Acesso em nov. 2008.

BORDENAVE, J. D.; Pereira, A. M. *Estratégias de ensino-aprendizagem*. 28. ed. Rio de Janeiro: Vozes, 2007.

BRASIL. Lei n. 9.394 – Estabelece as diretrizes e bases da educação nacional. *Diário Oficial da União*, 20 dez. 1996.

BURCH, K. "PBL, politics and democracy". In: DUCH, B. L.; GROH, S. E.; ALLEN, D. E. (orgs.). *The power of problem-based learning: a practical "how to" for teaching undergraduate courses in any discipline*. Sterling, Virgínia: Stylus Publishing, 2001.

CALDAS JR., A. L.; LINS, A. M.; BERTONCELLO, N. M. F.; CYRINO, A. P. P.; TREZZA, E. M. C.; CYRINO, E. G.; CORREA, F. K.; MACHADO, J. L. M. "O ideário UNI e a formação e capacitação de recursos humanos: processos e resultados". *Revista Divulgação em Saúde para Debate*, v. 12, p. 77-89, 1996.

CHIRELLE, M. Q. *O processo de formação do enfermeiro crítico-reflexivo na visão dos alunos do curso de enfermagem da Famema*. 2002. Tese (doutorado) – Escola de Enfermagem de Ribeirão Preto.

COELHO FILHO, J. M.; SOARES, S. M. S.; SÁ, H. L. C. "Problem-based learning: application and possibilities in Brazil". *Sao Paulo Medical Journal* [*Revista da Associação Paulista de Medicina*], v. 116, n. 4, p. 1.784-5, jul. 1998.

CYRINO, E. G.; RIZZATO, A. B. P. "Contribuição à mudança curricular na graduação da Faculdade de Medicina de Botucatu". *Revista Brasileira de Saúde Materno Infantil*, v. 4, n. 1, p.59-69, mar. 2004.

CYRINO, E. G.; TORALLES-PEREIRA, M. L. "Discovery-based teaching and learning strategies in health: problematization and problem-based learning". *Cadernos de Saúde Pública* [on-line], v. 20, n. 3, pp. 780-8, 2004.

DAIGRE, E. "Toward a critical service-learning pedagogy: a Freirean approach to civic literacy". *Academic Exchange Quarterly*, v. 4, n. 4, p. 6-14, 2000.

DAVINI, M. C. "Currículo integrado". In: BRASIL, Ministério da Saúde. Coordenação Geral de Desenvolvimento de Recursos Humanos para o SUS. Capacitação Pedagógica para Instrutor/Supervisor – Área da Saúde. Brasilia. Ministério da Saúde, 1994.

EVENSEN, D. H.; HMELO, C. E. *Problem-based learning: a research perspective on learning interactions*. Mahwah, N.J.: L. Erlbaum Publishers, 2000.

FARAH, B. F.; PIERANTONI, C. R. "A utilização da metodologia da problematização no curso introdutório para saúde da família do polo de capacitação da UFJF". *Revista de APS*, Juiz de Fora, v. 6, n. 2, jul.-dez. 2003. Disponível em: <http://www.nates.ufjf.br/novo/revista/pdf/v006n2/Pesquisa1.pdf>. Acesso em nov. 2008.

FEUERWERKER, L. C.; MARSIGLIA, R. "Estratégias para mudanças na formação de Recursos Humanos com base nas experiëncias IDA/UNI". *Revista Divulgação em Saúde para Debate*, 12, p. 24-8, 1996.

FREIRE, P. *Pedagogy of the oppressed*. Londres: Penguin Books, 1996. [*Pedagogia do oprimido*. São Paulo: Paz e Terra, 2006.]

GIANNASI, M. J.; BERBEL, N. A. N. "Metodologia da problematização como alternativa para o desenvolvimento do pensamento crítico em cursos de educação continuada e a distância". Inf.Inf., Londrina, v. 3, n. 2, p. 19-30, jun.-dez. 1998.

GODOY, C. B.; SOUZA, N. A. "Enfermagem: o currículo integrado na avaliação e percepção dos docentes". *Revista Brasileira de Enfermagem*, Brasília, v. 54, n. 3, p. 427-34, jul.-set. 2001.

KIPPER, B. H.; Santos, M. H.; STEIN, C. E. "O mapa conceitual como estratégia de aprendizagem significativa na formação da medicina veterinária". Trabalho apresentado no 35º Congresso Brasileiro de Medicina Veterinária. Gramado, RS, 19-22 out. 2008. Disponível em: <http://www.sovergs.com.br/conbravet2008/anais/cd/resumos/R010 5-1.pdf>. Acesso em dez. 2008.

LALUNA, M. C. M. C.; FERRAZ, C. A. "Understanding the theoretical bases of participative planning in the integrated curriculum of a nursing course". *Revista Latino-Americana de Enfermagem*, v. 11, n. 6, 2003.

LEE, R. M. K. W. "Monitoring the outcome of problem-based learning in medical education". *Journal of Medical Education*, v. 6, n. 2, p. 215-26, 2002.

MAASTRICHT University. PBL-site. "Online Literature List (updated till 2001)", "Publications of the Departament of Educational Development and Research". Disponível em: <http://www.unimaas.nl/pbl>. Acesso em: nov. 2008.

MACHADO, J. L. M.; CALDAS JR., A. L.; BORTONCELLO, N. M. F. "UNI: a new initiative in the training of health professionals". *Interface – Comunicação, Saúde, Educação*, v. 1, n. 1, 1997.

MASSONETTO, J. C. et al. "Student responses to the introduction of case-based learning and practical activities into a theoretical obstetrics and gynaecology teaching programme". *BMC Medical Education*, 4, 1, 26, 29 nov. 2004.

NAKATANI, A. Y. K. "Processo de enfermagem: uma proposta de ensino através da pedagogia da problematização". *Revista Eletrônica de Enfermagem*, v. 4, n. 2, p. 53, 2002. Disponível em: <http://www.fen.ufg.br>. Acesso em nov. 2008.

NAVARRO, R. F. "Everett M. Rogers (1931-2004) y la investigación latinoamericana de la comunicación". *Comunicación y Sociedad*, Universidad de Guadalajara, n. 4, p. 93-125, jul.-dez. 2005. Disponível em: <http://redalyc.uaemex.mx/pdf/346/34600404.pdf>. Acesso em nov. 2008.

NEWMAN, M.; AMBROSE, K.; CORNER, T.; VERNON, L.; QUINN, S.; WALLIS, S. "The project on the effectiveness of problem-based learning (PEPBL): a field trial in continuing professional education". Paper apresentado na 3ª International, Inter-Disciplinary Evidence-Based Policies and Indicator Systems Conference, University of Duhram, jul. 2001.

PUTNAM, A. R. "Problem-based teaching and learning in educational technology". Paper apresentado na 75ª Conferência Annual da Association for Career and Technical Education, New Orleans, 13-16 dez. 2001.

REZENDE, K. T. A.; TAKENDAN, E.; FRAGAM, E. M. V. F.; BRACCIALLI, L. A. D.; CHIRELLI, M. Q.; COSTA, M. C. G.; LALUNA, M. C. M. C.; CORREA, N. E. S. H.; TONHOM, S. F. R. "Implementing the educational units of the nursing course of Fafema: an experience report". *Interface – Comunicação, Saúde, Educação*, v. 3, 2007.

RIDEOUT, E. *Transforming nursing education through problem-based learning*. Sudbury, MA: Jones and Bartlett Publishers, 2000, p. 25-7.

ROSA, I. P. *Introducing the Brazilian model in family health care: the effects of a training based on real problems in physicians' and nurses' perception*. 2001. Dissertação (mestrado) – Department of Educational Development and Research, Maastricht University.

SANTOS, A. M. R. *et al*. "Change in the collective construction in the nursing undergraduate nursing course: a challenge". *Revista Brasileira de Enfermagem*, v. 60, n. 4, 2007.

SAVERY, J. R.; DUFFY, T. M. "Problem based learning: an instructional model and its constructivist framework". *Educational Technology*, v. 35, n. 31-8, p. 135-50, 1995.

SOARES, D. A.; GIL, C. R. R.; ITO, A. M. Y. "Projeto UNI-Londrina: processos e resultados". *Revista Divulgação em Saúde para Debate*, v. 12, p. 63-76, 1996.

SOUTHERN Illinois University. PBL Iniciative Site. "Online resources". Disponível em: <http://www.pbli.org/bibliography>. Acesso em nov. 2008.

UNIVERSIDADE Estadual de Londrina. "Recursos online sobre a metodologia da problematização". Disponível em: <http://www2.uel.br/pessoal/berbel/metodologia_da_problematização/>. Acesso em nov. 2008.

VILA, A. C. D.; VILA, V. S. C. "Tendências da produção do conhecimento na educação em saúde no Brasil". *Revista Latino-Americana de Enfermagem*, v. 15, n. 6, p.1.177-83, nov.-dez. 2007.

WORLD Health Organization (WHO). "Increasing the relevance of education for health professionals; report of a WHO study group on problem-solving education for the health professions". *WHO Technical Report Series*, 838, World Health Organization, Genebra, 1993.

ZANOTTO, M. A. C.; DE ROSE, T. M. S. "Problematizar a própria realidade: análise de uma experiência de formação contínua". *Educação e Pesquisa*, v. 29, n. 1, p. 45-54, jan.-jun. 2003.

9 A APRENDIZAGEM BASEADA EM PROBLEMAS – O RESPLENDOR TÃO BRILHANTE DE OUTROS TEMPOS

Luis A. Branda
McMaster University e Universitat Autònoma de Barcelona
Unidade de Inovação Docente em Educação Superior (Ides)

> *What though the radiance with was once so bright*
> *Be now for ever taken from my sight,*
> [...]
> *We will grieve not, rather find Strength in what remains behind*
> William Wordsworth, *Intimations of immortality*

Após a morte de Clarice Lispector, encontrou-se, no fundo de uma gaveta, o manuscrito da segunda parte de seu livro *Legião estrangeira*, no qual a autora pergunta: "O processo de escrever é difícil?" E complementa: "Mas é como chamar de difícil o modo extremamente caprichoso e natural pelo qual uma flor é feita".[1] Poucos são os escritores tão privilegiados como Clarice Lispector, com habilidade de manipular as palavras, despertando a curiosidade do leitor e, o que é mais importante, comovendo-o e forçando-o a uma reflexão – muitas vezes inquietante. Condicionado tanto por minhas limitações como cronista quanto pelos problemas prudentemente atribuíveis às falhas de memória, escrevi este capítulo sobre alguns aspectos históricos do

---

1. As citações de Clarice Lispector podem ser encontradas em dois de seus livros: *Um sopro de vida*, Rio de Janeiro, Francisco Alves, 1991; e *A paixão segundo G.H.*, ed. crítica compilada por Benedito Nunes, Barcelona, Fondo de Cultura Económica, 1996.

nascimento e crescimento da aprendizagem baseada em problemas (ABP) na McMaster University, que se apresentam de forma mais reflexiva[2] que informativa e traduzem o ponto de vista de um dos cofundadores do curso de medicina.

Algumas das considerações aqui expostas pretendem estimular a reflexão acerca do processo de inovação, mas, ao estarem em desacordo com a ortodoxia vigente, é provável que sejam perturbadoras e acelerem a minha morte como futuro cronista. Thomas More, personagem de Shakespeare, ao caminhar em direção ao patíbulo, diz, com seu trágico senso de humor: "[...] deem-me uma mão para me ajudar a subir. Quanto à minha queda, deixem-me sozinho; eu mesmo me encarregarei dela".

Ao escrever este capítulo sobre o passado e o futuro da ABP, vêm-me à mente os versos de uma das odes mais conhecidas de Wordsworth, mencionada na citação inicial: "Pois ainda que o resplendor tão brilhante de outro tempo / hoje esteja para sempre oculto aos meus olhos, / ainda que nada possa trazer de volta as horas / de esplendor na relva, e a glória da flor, não nos aflijamos, pois encontraremos forças no que deixamos para trás [...]". O fato de ter participado da criação de um programa de aprendizagem que transgredia preceitos do decálogo educacional, que durante muito tempo imperou nas ciências da saúde, proporcionou estímulo suficiente para dar continuidade, com todo entusiasmo, ao que se considerou um projeto audacioso.

Contudo, uma ressalva se faz necessária: recordar o passado de forma vivaz traz consigo o risco de que fiquemos presos a ele, especialmente quando as lembranças que emergem da memória correspondem a um tempo que recordamos como glorioso. Carlos Castillo del Pino, em seu discurso de posse na Real Academia Española, falou de dois tipos de biografia: a pública, "composta pelo conjunto de nos-

---

2. É provável que no texto apareçam os três tipos de reflexão de que fala Castilla del Pino: a retrospectiva, a atualizada e a prospectiva.

sas atuações observáveis e observadas", e a "nossa biografia íntima: a fantasiosa, de nossos desejos não satisfeitos e que talvez nunca se tornem realidade, nossos sonhos e ilusões, nossos sentimentos ocultos para com as pessoas que nos rodeiam". As reflexões que se encontram neste capítulo provavelmente são o resultado do segundo tipo de biografia.

Em um artigo relativamente recente, John Hamilton (2005) – outro cofundador da Faculdade de Medicina da McMaster – descreveu aspectos do desenvolvimento da ABP que complementam o que se encontra neste capítulo e que, possivelmente, são mais elucubrações e reflexões sobre os fatos que informações sobre eles.

Sabemos que nossa memória nem sempre é confiável e não raro nos prega peças, muito bem definidas por Daniel Schacter como "pecados da memória" (Schacter, 2003). A que pecados poderíamos atribuir a falta de reconhecimento daqueles que foram determinantes para o surgimento da ABP: "fugacidade" (esquecimento com o passar do tempo); "falsa atribuição" (lembrar-se de algo que nunca ocorreu); "sugestão" (lembranças distorcidas pela contribuição de outras pessoas)?

As ideias que sustentaram a criação da ABP parecem estar bastante integradas na cultura contemporânea. Em seu livro *Professionalism*, Eliot Freidson refere-se àqueles que sentem o doce gosto de terem triunfado na integração de suas ideias ao pensamento moderno, a ponto de se esquecerem daqueles que foram a fonte dessas ideias (Freidson, 2001). A descrição da origem e do desenvolvimento da ABP confere o merecido reconhecimento a todos aqueles que introduziram esse método.

Um tempo determinado

"Tudo tem seu tempo determinado" (Eclesiastes 3: 1-11). Os anos 1960 podem ser considerados um tempo determinado, um "tempo para derrubar e para edificar". Nessa década, muito se derrubou e se edificou; foi muito o que nasceu e morreu. No final dela, um grupo de aproximadamente vinte professores vindos de universidades de diversas partes do mundo, liderado por John Evans, deu início a um programa inovador de aprendizagem em medicina na McMaster University, na cidade de Hamilton, província de Ontário, Canadá, denominado Problem Based Learning (PBL), ou, em português, aprendizagem baseada em problemas (ABP). O primeiro diretor de medicina na McMaster foi John Evans – um jovem de 35 anos[3] –, que liderou por vários anos o crescimento da faculdade, não somente em educação, mas também em pesquisa e serviços assistenciais. Esse foi o começo de uma renomada carreira que obteve reconhecimento internacional por introduzir mudanças positivas em vários setores da sociedade. Em 2003, durante uma entrevista com um estudante de medicina (Goldberg, 2003), John Evans declarou que "a inovação está constantemente à nossa volta, mas são poucos os que tomam partido dela". "A tendência é fazer sempre o mesmo" – continua Evans – "o desafio é formar pessoas inventivas que tomem a inovação como responsabilidade própria." Embora essas palavras tenham se repetido durante quase quarenta anos, desde o começo da medicina na McMaster, continuam tendo uma importância avassaladora. Evans prossegue: "Como podemos estar certos de que desempenhamos um papel importante para o progresso do sistema? Como podemos ter certeza de que não somos parte do problema? Estamos por demais estagnados em nossos métodos e resistimos em buscar outras maneiras de ver os problemas". "Em vez de dizer que toda responsabilidade é do governo" – e aqui poderíamos juntar às palavras de Evans "ou do sistema, do entorno cultural" –, "deveríamos nos esforçar por encontrar outras alternativas para exercer a liderança".

O grupo que consolidou o curso de medicina na McMaster buscava mudanças no processo de ensino-aprendizagem dessa matéria,

---

3. No começo deste capítulo, o leitor foi advertido da presença de elucubrações e reflexões. Ao escrever sobre líderes dos processos de mudança, é interessante observar que no mesmo ano em que nasce John Evans (1929) morre Jorge Batlle Ordóñez, presidente uruguaio que instituiu mudanças sociais como o seguro-desemprego, o voto universal, a jornada de trabalho de oito horas e o direito ao divórcio garantido às mulheres.

mas o fazia sem muita certeza de quais seriam elas. Guiou-se pelo que intuitivamente considerava uma metodologia adequada para um aprendizado efetivo. Inspirado naquele que foi o primeiro catedrático de anatomia, James Anderson (químico, médico, antropólogo e pedagogo), começou a utilizar, com alunos do primeiro ano, o conceito de problemas no aprendizado da medicina. Jim Anderson foi pioneiro no princípio de aprendizagem autodirigida, o que incluiu a criação de uma escola secundária (Cool School) que oferecia um sistema educacional alternativo para adolescentes no Canadá. O estímulo de Jim Anderson levou-me a inaugurar a aprendizagem baseada em problemas na matéria de endocrinologia, estudada no primeiro ano de medicina. Howard Barrows também reconheceu que Jim Anderson foi o colega que o inspirou no uso de problemas clínicos na ABP. É sabido que Howard Barrows foi líder na inovação docente e na difusão da ABP, incluindo o uso de grupos de pacientes típicos e outros métodos de avaliação das competências do profissional das ciências da saúde. Outro cofundador do programa da McMaster foi William Spaulding (falecido em 1989), primeiro diretor associado, que presidiu a primeira comissão curricular. Spaulding publicou um livro em que se podem encontrar relatos dos primeiros dez anos do desenvolvimento da ABP nessa universidade (Spaulding, 1991).

Pode-se dizer, sem medo de errar, que cada integrante do grupo inicial de medicina da McMaster contribuiu significativamente para o sucesso da instauração do programa educacional. Mencionar alguns membros evidencia quanto contribuíram, muito além dos muros da McMaster. Porém, não mencionar todos eles talvez resulte – ainda que não intencionalmente – em uma injusta falta de reconhecimento. Dave Sackett – que integrou o grupo inicial –, além de contribuir de maneira fundamental para o desenvolvimento do programa, fundou o importante Departamento de Epidemiologia Clínica e Bioestatística, com o propósito de subsidiar todos os outros departamentos, em particular os clínicos. Nas palavras de Evans, "a questão era ter mais objetividade ao analisar, propor desafios e prescrever medições, adotando-se uma mentalidade crítica acerca do que se fazia". O avanço da medicina baseada em evidências, criada por Dave Sackett e seus colaboradores, foi de grande importância, inclusive em sua aplicação na educação médica, ao criar o grupo internacional "As melhores evidências em educação médica" (em inglês, *Beme, Best Evidence in Medical Education*). Contudo, a utilização do recurso do grupo de Epidemiologia Clínica e Bioestatística, na visão de John Evans, não se comparou a que se observou em escala global. No estudo do impacto de metodologias educacionais inovadoras, a aplicação de uma metodologia de epidemiologia clínica nem sempre é a mais relevante, sobretudo se a pesquisa de tipo qualitativo está deslocada. A inovação na educação certamente requer uma maior inovação em seus métodos de pesquisa.

E. J. Moran Campbell (falecido em 2004) foi o fundador do Departamento de Medicina da McMaster. Renomado cientista e educador, Moran Campbell é reconhecido como aquele que mudou o modo de ensinar a fisiologia respiratória e a prática dessa especialidade. Ele merece reconhecimento especial pela habilidade de atrair jovens com potencial científico, interessados em inovar no processo educacional. Sua crença na importância da educação, em lugar da mera capacitação, foi inspiradora para nós, mais jovens, que fomos atraídos para a McMaster. Em um artigo publicado há muitos anos, Gus Fraenkel (1978), primeiro diretor da Escola de Medicina da The Flinders University of South Australia, perguntava o que atraíra o grupo inicial para a McMaster, universidade relativamente pequena e à sombra de uma das faculdades de medicina mais prestigiosas, a Universidade de Toronto. Participar da criação de algo diferente, que representava um desafio às normas educacionais vigentes, era instigante, mas não menos instigante era ter a oportunidade de trabalhar com pessoas do calibre intelectual de Moran Campbell e aprender com elas. Os debates com Moran e outros membros da primeira Comissão Curricular eram sempre um desafio às nossas ideias. A lógica do seu raciocínio, sua análise crítica e sua engenhosidade constituíram um aprendizado de que não se esquece facilmente. O alto senso crítico de Moran Campbell ficou estampado em um livro em que descreveu, de forma comovente, os altos e baixos de seu estado emocional bipolar – que, embora afetasse sua capacidade para o trabalho nos últimos anos, nunca obscureceu a clareza de seus pensamentos e ideias.

Avançar em um ritmo diferente[4]

O inovador currículo de medicina da McMaster foi estruturado após exaustivas consultas e visitas a outras faculdades de medicina, principalmente nos Estados Unidos. Um dos programas que inspiraram a McMaster foi aplicado em 1952 pela Faculdade de Medicina da Case Western Reserve University (CWRU) – então conhecida como Western Reserve University – em Cleveland, Ohio, Estados Unidos. Sob a direção de Frederick Robbins[5], o currículo da Escola de Medicina da CWRU foi organizado em sistemas, e contava com pelo menos quatro particularidades bastante atraentes para exploradores de novas metodologias (Ham, 1971): 1) integração interdisciplinar em uma estrutura de órgãos e sistemas; 2) diminuição do número de cátedras; 3) maior número de disciplinas optativas; 4) controle do currículo feito por comissões temáticas e não pelos departamentos. O programa de medicina na McMaster adotou várias dessas características e se organizou em uma estrutura curricular constituída de quatro fases (Hamilton, 1976): fase I: introdução ao estudo da medicina; fase II: homeostase e reação do corpo humano às agressões externas; fase III: unidades de órgãos e sistemas; fase IV: rotações clínicas. Em todas as fases se introduziram

---

4. "If a man does not keep pace with his companions, perhaps it is because he hears a different drummer. Let each man march to his own rhythm, however measured, or far away." *Walden*, E. D. Thoreau.
5. Em 2004, o dr. Frederick C. Robbins recebeu o prêmio Nobel de Fisiologia e Medicina, por seu trabalho em isolar o vírus da poliomielite. O prêmio foi dividido com John F. Enders e Thomas H. Weller. Fred Robbins foi um visionário em educação médica, e sua dedicação à pesquisa não comprometeu sua liderança na inovação do programa de medicina da CWRU.

períodos optativos, nos quais o estudante, guiado por um orientador, estruturava suas atividades optativas, o que incluía a avaliação.

A fase I (dez semanas) era fundamental para introduzir o aluno no estudo da medicina e ensiná-lo a lidar com as inquietações relativas à sua formação e aos riscos de sua profissionalização. A ênfase desse período era compreender de maneira holística os problemas – tantos os individuais como os coletivos – da comunidade a que deveriam prestar serviço. Essa fase proporcionava ao estudante a oportunidade de conhecer a Hamilton Health Region – região de serviços de saúde que cobria não apenas a cidade, mas também boa parte do subúrbio. Nesse período inicial, os alunos desenvolviam competências na aprendizagem baseada em problemas e no trabalho cooperativo em pequenos grupos; aprendiam conceitos da estrutura e função do corpo humano, integrando seus componentes biológicos, psicológicos, sociais e populacionais.

As atividades da fase I também incluíam o desenvolvimento de habilidades de comunicação e clínicas. Aquelas eram reforçadas em um programa calcado não apenas na entrevista, mas também no modo como os profissionais de saúde devem se comunicar para estabelecer uma relação médico-paciente mais eficaz. Os estudantes praticavam essas habilidades entre si, com pacientes hipotéticos – os pacientes padronizados de Howard Barrows (Vu e Barrows, 1994) – e com pacientes oriundos de postos de saúde e de hospitais da região de Hamilton.

A fim de estimular a interdependência dos membros do grupo de tutoria (seis alunos e um tutor), os grupos eram formados por estudantes de diversas áreas disciplinares e com diferentes experiências. Cerca de 30% da classe não havia estudado as ciências naturais. O critério para a escolha do professor que desempenharia o papel de tutor era somente a sua compreensão da ABP e sua comprovada habilidade como orientador pedagógico, após participar de um programa de formação. Além do tutor, designava-se a cada grupo um aluno do curso anterior com objetivos claramente definidos por eles próprios: auxiliar os estudantes em sua adaptação ao sistema educacional da McMaster e garantir que a fase I levasse ao sucesso do programa.

Outro componente importante do sistema de apoio oferecido aos novos alunos era o monitor. Cada aluno era acompanhado por um membro da faculdade, que teria a responsabilidade de auxiliá-lo ao longo de sua formação. A seleção de monitores baseava-se em critérios que incluíam a compreensão do programa da universidade e o conhecimento dos serviços de saúde da cidade de Hamilton e dos recursos educacionais que ela podia oferecer. A função do monitor não era proporcionar conhecimentos ou dar informação, mas acompanhar a formação do estudante durante a sua permanência na McMaster. A comunicação entre o orientador, o estudante e os tutores deveria se dar periodicamente, o que nem sempre aconteceu com a frequência desejada. Nas ocasiões em que o rendimento acadêmico do aluno foi considerado aquém dos objetivos estabelecidos pela instituição, surgiu outro problema: o monitor sentiu-se obrigado a agir como advogado de defesa. Entretanto, embora os direitos do aluno devessem ser defendidos, também era responsabilidade do monitor dar à universidade os subsídios para que fundamentasse suas decisões.

Situações problemáticas que poderiam ser exploradas pela ABP foram projetadas cuidadosamente, tendo em conta os componentes biológicos, psicológicos e sociais da saúde. O eixo que norteou essa fase foi o ciclo vital, o que permitia aos estudantes reconhecer as suas diferentes etapas, como o crescimento, o desenvolvimento e o envelhecimento. Além disso, os alunos adquiriam uma noção básica dos níveis de crescimento físico e emocional e dos diferentes papéis exercidos pelos indivíduos ao longo das etapas da vida. Estavam incluídos também o aprendizado da aplicação de modelos de comportamento aos aspectos dos problemas de saúde e a aquisição de conhecimentos sobre dor, emoções, dependência química, aprendizagem, perda de memória e comportamento em grupo.

Posteriormente, o curso foi modificado com a distribuição do conteúdo em unidades de aprendizagem: a primeira, de introdução ao estudo da medicina; e a última, antes do rodízio feito pela clínica, de integração de tudo que tinha sido aprendido nas unidades anteriores, tendo como foco principal a comunidade. Essa modificação curricular não foi uma "maquiagem" na reorganização do programa, mas consequência das mudanças que se produziam na área da saúde do Canadá. Tais mudanças – fundamentalmente demográficas –, previstas para as três décadas seguintes, determinaram a criação do novo programa, resultado de uma análise teórica e empírica dos problemas de saúde prioritários que se esperavam para o futuro.

Recentemente, o currículo de medicina da McMaster sofreu outra alteração para consolidar o chamado *compass curriculum*, que, iniciado no começo do ano letivo de 2006-2007, tem como objetivos: 1) reafirmar a ênfase no pensamento conceitual e na resolução de problemas; 2) ampliar as competências profissionais do currículo para priorizar o profissionalismo e as habilidades de comunicação; 3) melhorar a interdisciplinaridade do processo de aprendizagem acadêmico e clínico; 4) aumentar as oportunidades de colaboração interprofissional; 5) aumentar a capacitação no uso de novas tecnologias, como as simulações no computador.[6]

Embora inicialmente a ABP tenha se dedicado ao curso de medicina, posteriormente se abriu aos demais programas de graduação oferecidos pela Faculdade de Ciências da Saúde da McMaster, assim como a vários programas de pós-graduação. Também se dedicou a algumas disciplinas de outros cursos da universidade, e aqui caberia mencionar o de engenharia, que tem uma longa e consagrada trajetória no uso dessa metodologia (Woods, 1994)[7].

---

6. Pode-se encontrar informação detalhada sobre o *compass curriculum* da McMaster no site: <http://www.fhs.mcmaster.ca/acad.htm>. Na página, entre em Undergraduate Medical Program e clique no *link* COMPASS *curriculum*.
7. No site <http://www.chemeng.mcmaster.ca/innov1.htm> podem ser encontrados diversos *links* relacionados com a ABP, assim como a terceira edição (2006) do livro de Don Woods: *Preparing for PBL*.

■ A APRENDIZAGEM BASEADA EM PROBLEMAS ■

A herança

As ideias nas quais se basearam os fundadores do programa de ABP na McMaster eram conhecidas há muitos anos. Nos *Analectos* de Confúcio (500 a.C.) já se encontrava o conceito de aprendizagem autodirigida, um dos pilares do curso de medicina na McMaster. Confúcio só ajudava seus discípulos quando estes já haviam tentado pensar em determinado tema ou pergunta e não tinham encontrado as respostas. A ajuda do filósofo não consistia em achar um modelo de resposta ou um padrão que os alunos deveriam repetir, mas sim em ajudá-los a pensar, orientando-os por caminhos que lhes permitissem aprender por si mesmos e buscar respostas pessoais.

Passei meu primeiro ano sabático, desde a minha chegada à McMaster, como consultor na Universidade de Maastricht (Universiteit Maastricht), então conhecida como a Rijksuniversiteit Limburg. Embora minha função fosse colaborar na revisão do programa de ABP da Faculdade de Medicina, ter descoberto na antiga biblioteca as obras de Jan Amos Comênio ocupou boa parte de meu tempo. No século XVII, ele escreveu: "Os professores devem se preocupar em ensinar menos, e os alunos, em aprender mais" (Comênio, 1986). No contato com sua obra *Orbis sensualium pictus* (1658), dei-me conta de que ele foi pioneiro na aplicação da ABP no ensino, uma vez que usava grupos de imagens como "núcleos geradores" para o aprendizado do latim na língua vernácula (Aguirre, 2001).

A Wolfgang Ratke, contemporâneo de Comênio, são atribuídas frases como "o aprendizado avança com a experiência", "a memorização excessiva é nociva e inútil" e "a autodisciplina deve acontecer sem a interferência dos professores". A propósito das citações de Ratke, é bem provável que a maioria dos docentes concorde com as duas primeiras; a terceira certamente desperta incômodo, inclusive naqueles que afirmam acreditar na aprendizagem centrada no aluno.

Tendo em vista que o objetivo principal deste capítulo é falar da introdução da ABP na medicina, é fundamental citar fontes relacionadas com essa profissão, como o Relatório Flexner sobre a educação médica nos Estados Unidos e no Canadá, publicado há quase cem anos (Flexner, 1910). Trata-se de um texto – citado e difamado por muitos, mas provavelmente lido por poucos – ao qual se atribuem os pecados, tanto de omissão como de comissão, cometidos pela educação médica. Embora não restem dúvidas de que Flexner pecou, ele não cometeu os pecados dos quais é acusado. O relatório contém ideias que são coerentes com as mudanças introduzidas nos programas hoje ditos inovadores, o que redimiria os pecados de Flexner. A educação médica recomendava uma aquisição adequada do conhecimento, das atitudes e das habilidades técnicas e afirmava que o estudante não tinha por que ser passivo apenas pelo fato de ser muito cedo para ser um explorador original. A ideia de integração interdisciplinar, posta em prática a princípio em instituições como a Western Reserve e a McMaster, já havia sido insinuada por Flexner, quando afirmava a interdisciplinaridade dos problemas e ressaltava a integração entre as "ciências básicas" e as "ciências aplicadas" (clínicas), algo que ele apoiava. Em seu relatório, Flexner criticava o sistema didático por ser cruelmente antiquado e pertencer a uma época de dogmas, isto é, aquela época em que o professor sabe e o aluno aprende. Aqui, além de questionar a má fama de Flexner, construída por alguns detratores, é preciso lembrar que tais julgamentos sobre o sistema de ensino que então vigorava na medicina, apesar de estarem ultrapassados, lamentavelmente ainda se aplicam a muitos programas educacionais deste século.

O grupo

O grupo inicial da McMaster enfrentou a decisão de implantar um programa educacional que ia de encontro às normas vigentes, aos dogmas estabelecidos. Seria falso pensar que essa decisão não gerou ansiedade nos membros desse grupo. Ao frenesi de embarcar em uma empreitada ousada juntou-se a ansiedade suscitada pelas possíveis consequências, que poderiam ser nefastas, de tomar uma decisão cheia de incertezas e audaciosa para a época. Os desafios próprios de toda mudança e inovação devem ser cuidadosamente ponderados, não como um freio que impeça seguir rumo ao espírito que os criou, mas para que os agentes estejam preparados para a montanha-russa emocional que implica o planejamento e a implementação desses novos programas.

O grupo que iniciou o projeto na McMaster compartilhava do mesmo espírito e por isso se tornou uma equipe guiada pelo interesse comum de garantir que a sua tarefa correspondesse aos objetivos finais desse espírito. Assim, esse trabalho pôde ser realizado de forma cooperativa, sem os limites próprios dos terrenos pré-estabelecidos pelo sistema em que se operava anteriormente, e reconheceu-se a importância de consolidar a sonhada integração interdisciplinar, evitando um desmembramento do resultado. Isso, porém, não significou a perda de individualidade na contribuição de cada professor, mas a criação de um trabalho fomentado por cada membro do grupo. O risco de se fechar no trabalho de equipe era uma preocupação puramente intuitiva do grupo inicial, que depois foi bem registrada (Janis, 1972). O grupo inicial da McMaster fez questão de evitar isso: ser uma equipe fechada não fazia parte de seus objetivos.

No artigo já citado de Fraenkel, o autor formulava uma pergunta-chave: "Como é possível que a McMaster tenha resistido a todas as pressões externas e, sobretudo, às internas, para mudar atitudes e métodos radicais por uma forma conservadora e tradicional?" Fraenkel afirma que "ao que parece, eles [os fundadores do programa] estabeleceram um sistema criado para perpetuar seus princípios: as mudanças, os refinamentos e os progressos introduzidos nos últimos dez anos foram menos importantes". O autor conclui que pode haver quatro razões para alcançar essa meta: 1) O grande entusiasmo do grupo original persiste e tem sido reforçado pelo êxito do programa em cumprir seus objetivos, o que foi documentado em pesquisas e análises críticas. 2) A fama internacional da chamada "abordagem McMaster", considerada um marco na educação médica. "Por isso" – conclui

Fraenkel – "o idealismo do grupo de elite foi fortalecido pela soma de elementos progressistas com interesses na manutenção do enfoque original e seus bons resultados." 3) Os alunos orgulham-se e sentem-se privilegiados por fazer parte de um sistema tão respeitado, afinal, "garantiram-lhes que o sistema produz médicos mais bem preparados para o futuro". 4) O caráter intricado e complexo da estrutura administrativa[8] rejeita a possibilidade de mudança para um sistema conservador.

As conclusões de Gus Fraenkel devem ser verificadas para que se verifique, passados quase trinta anos desde sua publicação, se ainda são relevantes para a realidade atual. Os ainda numerosos visitantes da McMaster aparentemente estariam de acordo com elas, mas caberia um estudo minucioso para confirmá-las ou não.

Desde o início do curso de medicina na McMaster, o número de candidatos supera em muito as vagas disponíveis – uma média de 3 mil candidatos para cerca de 120 vagas por ano. O complexo processo de seleção é composto de várias etapas, que incluem a avaliação de uma breve autobiografia, entrevistas e a atuação em tutorias simuladas. Em todas as fases, incluindo a final, conduzida por uma comissão de admissão, participam equitativamente representantes de professores, estudantes e membros da comunidade. Não há provas definitivas de que esse processo seletivo identifica os candidatos com melhor potencial para atingir os objetivos de aprendizagem propostos pela instituição. Entretanto, um dos argumentos que corroboram a conservação de sua estrutura original, com pequenas modificações, é de que a comunidade participa ativamente desse processo, isto é, influencia a escolha dos futuros profissionais que atenderão às suas necessidades.

---

8. Nesse arranjo administrativo, chamado "gerenciamento de matrizes", o currículo não é controlado pelos departamentos, mas pelas comissões curriculares interdisciplinares. Embora fossem alocados recursos humanos aos departamentos para contribuir com os diferentes programas educacionais, o conteúdo – em parceria com esses departamentos – era decidido pelas comissões curriculares correspondentes.

A entrevista, um dos elementos básicos no processo de seleção, é realizada por uma equipe composta por um docente, um estudante e um membro da comunidade. Em um artigo publicado já há muitos anos (Linzer,1994), indicavam-se algumas áreas do conhecimento e/ou experiência que os alunos deveriam dominar e sobre as quais a equipe deveria recolher informações: 1) áreas problemáticas de tratamentos de saúde que requerem atenção da sociedade, do governo e da classe médica (um exemplo seria a disponibilidade e a acessibilidade do atendimento e os custos do sistema sanitário); 2) importância da prevenção de doenças e da promoção da saúde (por exemplo, o efeito do entorno na saúde e o papel do médico na educação da população e como defensor dos direitos do usuário); 3) importância do grupo familiar e da comunidade nos tratamentos (por exemplo, problemas como a diversidade cultural, a falta de equidade e consequências da pobreza); 4) valores éticos na provisão do tratamento médico (por exemplo, problemas de grupos com necessidades especiais, saúde e violência familiar); 5) importância do trabalho em equipe no setor de saúde (por exemplo, comunicação efetiva entre os membros da equipe e também o conhecimento e a compreensão da função de cada um deles); 6) papel do médico na sociedade (por exemplo, seu papel na promoção da saúde e sua atividade para promover mudanças).

Houve um período na história da McMaster em que as questões fundamentais – não a metodologia, mas o compromisso com a sociedade e a comunidade, como já foi mencionado – pareciam ter sido esquecidas. Um grupo de alunos, liderado por Tim Evans[9], deu início a uma série de reuniões de caráter revisionista, a fim de lembrar a McMaster da missão a que se propusera quando instituiu o curso de medicina: que "relação contratual" a universidade se comprometia a estabelecer com os estudantes?

---

9. Atualmente o dr. Evans é diretor-geral e assistente de Informação, Evidências e Pesquisa da OMS, além de ser o cofundador do *International Journal for Equity in Health*.

David Evans, economista da empresa de consultoria Nera, analisa o mercado de dois lados dando vários exemplos, todos eles tendo como denominador comum a existência de dois grupos de consumidores que se necessitam mutuamente e o intercâmbio de um serviço no qual ambos estão interessados. É provável que o mundo acadêmico se sinta ofendido por considerá-lo como mais um exemplo de mercado de dois lados. Porém, temos dois grupos de consumidores que se necessitam mutuamente, alunos e professores, e uma troca de serviço chamado educação. Como se explica o sucesso desse tipo de mercado? Porque uma parte depende da outra. Admitir essa interdependência gera um compromisso recíproco que previne uma possível queda da qualidade do serviço, o que abalaria os dois lados – professores e estudantes, no caso da educação. A terceira conclusão de Fraenkel refere-se ao comprometimento dos professores da McMaster, que suscita nos alunos uma atitude positiva. Naturalmente, a McMaster não detém o monopólio de aplicar um sistema educacional que não apenas facilita a aquisição de conhecimentos, habilidades e valores como enfatiza o desenvolvimento de atitudes de aprendizagem. À semelhança do microquimerismo biológico[10], essa universidade e outras instituições que compartilham da mesma filosofia realizaram um microquimerismo educacional: transferiram aos estudantes, fundamentalmente por serem modelos de comportamento, "células" de aprendizado que lhes permitirão, no futuro, enfrentar uma realidade nem sempre coerente com a filosofia que os orienta ao longo de sua formação. Essas células lhes protegeriam de um possível retrocesso em sua futura vida profissional.

Outro elemento que talvez tenha ajudado a conservar o entusiasmo dos professores foi a redução, ao mínimo possível, do tempo dedicado às tarefas administrativas, inclusive ao planejamento de ati-

---

10. Denominou-se microquimerismo o processo pelo qual as células da mãe são transferidas para sua prole. Essas células, encontradas também no indivíduo adulto, supostamente o protegem contra os desvios de normalidade que não puderam ser controlados pelo próprio organismo.

vidades docentes. As instituições acadêmicas costumam estar infestadas de comissões ou grupos de estudo que consomem muito tempo, particularmente se existe uma tendência ao debate. "Se quisermos buscar provas da existência de vida no resto do Universo" – escreveu Lewis Thomas – "são necessários instrumentos especiais com delicados sensores para detectar a presença dessa vida. Considero isso um ato de fé e o aspecto mais fundamental da natureza humana." Apesar da dificuldade para decidir o tipo e o número de comissões que deveriam ser criadas para alcançar esse objetivo, a McMaster procurou ser eficiente e criou uma estrutura administrativa com um mínimo de comissões, mas elaborou um processo de prestação de contas que otimizou as funções designadas. Embora nem sempre tenha sido possível implementar esse processo, o debate surgido nas reuniões orientou-se por princípios estabelecidos há anos por outros grupos reconhecidos por cumprir um objetivo comum, como a Sociedade Religiosa dos Amigos, mais conhecida como Quaker. Tais princípios de procedimento eram: 1) assegurar que todos tenham a oportunidade de ser ouvidos; 2) respeitar todos os participantes e seus interesses legítimos; 3) corresponder a um sistema de pensamento interdependente; 4) falar de forma concisa, sem ambiguidades e sem repetir o que já tenha sido dito; 5) comprometer-se a expressar possíveis desacordos; 6) saber diferenciar reuniões de *brainstorming* de reuniões destinadas à tomada de decisões; 7) facilitar a tomada de decisão baseada no consenso, de modo que corresponda às necessidades do grupo.

Na seleção – e não eleição – daqueles que trabalhariam no planejamento, a McMaster usou a regra da competência e evitou o que nos anos 1960 ficou conhecido como "postulado de Hruska", termo cunhado quando Richard Nixon nomeou o juiz Carswell para um cargo na Suprema Corte dos Estados Unidos. A nomeação encontrou oposição no Senado, fundamentalmente devido à incompetência de Carswell. O senador Robert Hruska pronunciou-se a favor, dizendo que, mesmo que o juiz seja medíocre, "os medíocres têm direito a ser representados, não é verdade?"

Naturam expelles furca...

Horácio disse: "Ainda que afastes a natureza pela força, ela sempre regressará furtivamente e irromperá triunfante em teu insensato desdém". Inspirados por essa filosofia, os fundadores da ABP na McMaster tentaram se aproximar da realidade para conseguir uma integração entre a teoria e a prática, na qual não se distinguisse onde termina uma e começa a outra. Isso significava reconhecer que a formação dos estudantes de medicina poderia acontecer em um entorno afastado da realidade, mas que, cedo ou tarde, ela voltaria triunfante para demonstrar a insensatez desse modelo de pensamento. O programa da McMaster tinha como foco principal a prática e um fazer no qual a experiência precedia a compreensão do conhecimento, que seria ampliada com a aplicação a situações reais da vida. Em outras palavras, tratava-se de uma visão moderada de "Não se preocupe em 'entender'. Viver ultrapassa todo entendimento" (Clarice Lispector).

E onde se encontraria essa realidade senão na comunidade? A McMaster foi uma das entidades que promoveram a criação de uma rede de programas baseados nela (The Network of Community Oriented Educational Institutions, a atual The Network-TUFH). Entre seus objetivos estava assistir as instituições acadêmicas para o fomento de um aprendizado dirigido à comunidade. Nos diferentes documentos e publicações não fica claro se a McMaster se refere à aprendizagem na comunidade, da comunidade ou para a comunidade, o que nos permite questionar se esses programas continuam se valendo desse grupo social para o aprendizado dos alunos nesses contextos sem satisfazer – e frequentemente sem levar em consideração – as expectativas e necessidades dos membros dessas comunidades.

Foram muitas as razões que motivaram o desenvolvimento do projeto EFPO (Educating Future Physicians for Ontario) (Neufeld, 1998), cuja primeira fase durou cinco anos, a partir de 1990, e a segunda fase, até o final de 1998. Tal projeto é de grande importância para a história da ABP na McMaster e em outras escolas de medicina, especialmente na província de Ontário, de maneira que é relevante citá-lo. O EFPO representou um trabalho de colaboração sem precedentes entre as cinco faculdades de medicina de Ontário, o que, além dos resultados do projeto, por si só foi uma grande conquista, uma vez que, antes disso, o diálogo entre as faculdades era praticamente nulo.

Desde a publicação do Relatório Flexner, sucederam-se muitos informes, declarações, conferências e outras manifestações de boas intenções – incluindo um relatório técnico que John Hamilton e eu preparamos para a Organização Mundial da Saúde (Branda e Hamilton, 1987) –, todos eles sem impacto na implementação de mudanças. Além disso, o ensino de medicina em Ontário lamentavelmente não havia mudado muito no começo do projeto EFPO. A proliferação de relatórios e declarações impactantes nos leva a refletir sobre como as organizações, instituições acadêmicas e de toda ordem são eficientes em declarar o que deve ser feito, mas incapazes de colocar em prática as suas boas intenções. Alguns de nós, que participamos do EFPO, vislumbramos a oportunidade de considerar e implementar uma formação do profissional de saúde orientada às necessidades e expectativas da comunidade, as quais deveriam ser definidas por ela e não apenas pelas instituições acadêmicas e autoridades sanitárias. Não resta dúvida de que ambas são responsáveis pela identificação dos problemas prioritários da saúde, mas a população deve participar tanto da preparação e do planejamento para a alocação de recursos, como de sua utilização. Na planificação de recursos, a comunidade deve apresentar as necessidades de tratamentos de saúde. Na preparação, deve comunicar às instituições acadêmicas o que considera relevante na educação dos profissionais. Deve também negociar com essas instituições as áreas de pesquisa ou assistência relativas às possíveis necessidades de saúde. Na gestão de recursos, deve compartilhar, em todos os níveis, a informação sobre a satisfação do usuário quanto ao sistema de saúde e colaborar no levantamento de informação sobre a qualidade dos serviços.

A parte I do projeto denominou-se "Descobrir necessidades e expectativas". Com esse propósito, definiu-se a metodologia adequada para recolher informação relativa a questões-chave de grupos que em geral não eram sondados ou que tinham pouca representação na comunidade[11]. As perguntas abertas foram: 1) Quais são os pontos fortes e fracos das funções do médico na comunidade?; 2) Que conhecimentos, habilidades e ações devem ser incluídos no currículo?; 3) Quais são as tendências ou problemas cruciais que afetarão o papel do médico no futuro?; 4) O que você mais desejaria que mudasse na atuação do médico?

Embora cada grupo tenha proporcionado informações muito específicas a respeito da própria situação, a análise coincidiu nos vários papéis que o médico deveria desempenhar. Ficou a critério de cada faculdade o modo como utilizariam esses dados. Um dos produtos do projeto EFPO foi a elaboração de trabalhos escritos por vários grupos, um deles particularmente importante para a contribuição que a comunidade pôde dar ao planejamento curricular (EFPO, 1992)[12]. A reação das instituições acadêmicas a uma possível ingerência da comunidade no planejamento curricular variou do rechaçamento total a uma aceitação não muito convicta, como a da McMaster, que incluiu membros da comunidade em uma das subcomissões da comissão curricular. Alguns de nossos colegas ficaram surpresos diante dessa falta de entusiasmo, uma vez que a faculdade de medicina, desde a sua criação, incluiu esse grupo em todas as etapas da seleção de estudantes.

A ABP e a aprendizagem autodirigida

Durante sua permanência na McMaster, Barrows trabalhou com Robyn Tamblin – colaboração que se comprovou bastante eficaz. Jun-

---

11. Os grupos que participaram da parte I foram: pessoas com doenças crônicas ou transtornos que geraram necessidades especiais, mulheres, minorias etnoculturais, portadores de HIV ou aids, idosos, indígenas e sem-teto.
12. Este modelo de interação entre a instituição acadêmica e a comunidade foi desenvolvido por um grupo comunitário que contou com a participação de apenas dois de nós como assessores.

tos, eles publicaram um livro que descreve sua concepção sobre aquilo que deveria ser a ABP (Barrows e Tamblyn, 1980). Este capítulo não pretende agregar mais dados aos muitos já publicados sobre a teoria, o que, aliás, será trabalhado em outros capítulos. Os elementos fundamentais da ABP podem ser ilustrados da seguinte forma:

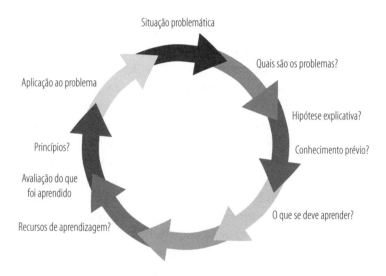

| **Figura 1** | Principais elementos da ABP.

Aqui, há de se fazer dois comentários importantes. O nome ABP – ou PBL, termo cunhado na McMaster – não equivale a uma aprendizagem por resolução de problemas, uma vez que o aluno, quando inicia a sua formação, não tem uma base de conhecimentos ou habilidades para resolver um problema cuja intenção é imitar o que encontrará em sua realidade profissional. Naturalmente, à medida que for avançando no programa, terá de intervir e, eventualmente, resolver problemas. As "hipóteses explicativas" da ABP transformam-se em "hipóteses diagnósticas", e ao ciclo ilustrado na figura 1 devem se juntar aspectos da intervenção que se considerem relevantes quanto à sua eficácia e ao impacto de sua atuação sobre os recursos disponíveis.

Mas a realização da ABP vai além de seus aspectos metodológicos que levam à criação de um entorno educacional característico, coerente com o que disse Paulo Freire: "A educação deve começar pela superação da contradição educador-educando; deve se fundamentar na conciliação de seus polos, de tal maneira que ambos sejam, simultaneamente, educadores e educandos" (Freire, 1970).

A maioria das instituições acadêmicas aceita que os estudantes devam ser ativos no processo de aprendizagem, porém passivos na configuração desse processo e na expressão de seus interesses. Não seria melhor se a atuação do professor facilitasse a transformação desse papel passivo em ativo? A função do docente não deveria ser, mais que proporcionar a estrutura para a profissionalização, facilitar a sua construção? Alexis de Tocqueville, em uma visão ideológica, escreveu em sua obra clássica – *A democracia na América* – que a maior preocupação de um bom governo deveria ser que a cidadania gradualmente se acostumasse a viver sem ele. Um programa educacional que mostra que confia em uma aprendizagem autodirigida tem de criar oportunidades para que os alunos se responsabilizem pela própria formação e saibam atuar oferecendo um mínimo de contribuição ao professor, exceto em aspectos administrativos do curso. Isso constituiria uma visão pedagógica da visão político-social de Tocqueville e um manifesto a favor da autonomia do aluno, algo que já foi levado a cabo: a McMaster é um exemplo disso no mundo anglo-saxão. Caberia também citar outros contextos culturais, como o ibero-americano. Um exemplo de como os estudantes são capazes de assumir responsabilidades em seu aprendizado foi a criação de um instrumento de avaliação que se chamou "salto triplo" (Painvin, 1970)[13]. A ideia partiu dos alunos da fase I, em meados dos anos 1970. Eles sugeriram qual deveria ser o proje-

---

13. No site <http://www.aishe.org/readings/2007-1/no19.html> pode-se encontrar um bom resumo do "salto triplo".

to original desse método de avaliação, que consideravam coerente com o modo como aprendiam. Seguindo as etapas, já ilustradas, do trabalho do grupo na ABP, os três passos do "salto triplo" permitem uma avaliação individualizada do estudante. Também é possível agregar fases de resolução de problemas que forem relevantes para a etapa de aprendizagem em que o aluno se encontra.

A perda do controle na mudança conceitual de ensino para aprendizagem pode tentar estabelecer subestruturas de controle mascaradas por diversos eufemismos. O problema não repousa apenas na desconfiança de que esse estudante a quem foram dados direitos como os de um adulto responsável – como participar das eleições – possa aprender de modo autodirigido. Muitos professores, imbuídos de um espírito indulgente e afetuoso, atuam convencidos de que, para os alunos, é benéfico protegê-los do estresse provocado pelo processo educacional. Não raro esse comportamento conta com a cumplicidade do próprio estudante. Deveríamos considerar as palavras de São João Crisóstomo (347-404): "[...] Nós, condescendendo miseravelmente com vossos desejos, seguimos vossas concupiscências da mesma maneira que o pai irrefletido que, condescendendo com o filho enfermo e descontente, não lhe sabe negar tudo quanto pede" (*apud* Álvarez, 1587).

Mitos, paradoxos e outras amarras

Marinker (1997) afirma: "Embora os objetivos declarados no currículo sejam holísticos e integracionalistas, tais objetivos são prejudicados pelo reducionismo e pela banalização decorrentes do excesso de teorização da educação". Isso pode ser considerado um desafio – talvez intolerável, tamanha a sua ousadia – à educação médica moderna: "Mas há alguma coisa que é preciso ser dita, é preciso ser dita" (Clarice Lispector).

A preocupação de Marinker concentra-se nos mitos e paradoxos do que ele chama de "educacionismo médico", referindo-se ao que os psicopedagogos ajudam a desenvolver nas faculdades de medicina.

Ele acredita que esses, ao passar pelos portões de uma escola de medicina, procuram ganhar respeitabilidade adaptando-se à cultura local, que, segundo ele, enfrenta o seguinte paradoxo: de um lado, o ensino criativo; de outro, a confiabilidade na avaliação. O ponto de vista de Marinker pode ser discutível e considerado apenas como o produto de um crítico intratável, mas deve servir de alerta à reflexão sobre as ideias e opiniões a respeito do significado do desenvolvimento curricular e de como elaborá-lo de maneira cooperativa entre docentes e pedagogos. Esse trabalho de cooperação é essencial no desenvolvimento de currículos acadêmicos integrados, a partir do momento em que parte do problema dos professores é a falta de conhecimento e de ferramentas adequadas para planejar a integração desejada.

Documentos não faltam para evidenciar que um ensino profissional excessivamente fragmentado e compartimentado, com contextos e procedimentos isolados, não ajuda – e pode até impedir – os estudantes a adquirir as competências necessárias para entender, ponderar e intervir de modo reflexivo e dinâmico em seu contexto social. Entretanto, quando se fala de integração no processo ensino-aprendizagem, fala-se frequentemente de uma miscelânea que inclui a integração de conhecimento, de metodologias e atividades usadas no aprendizado, de avaliação, contextos de aprendizagem e recursos humanos. Não restam dúvidas quanto ao valor intrínseco de cada um desses tipos de integração. Porém, é importante que se saiba distinguir entre esses diferentes tipos, para evitar o uso pouco criterioso do termo "integração", o que ocorre com frequência. A integração está para a pedagogia como madre Teresa de Calcutá está para o altruísmo: exemplificam a quintessência de algo muito desejado, mas nenhuma delas tem virtudes inquestionáveis. Atrever-se a questionar o virtuosismo de uma ou de outra será provavelmente uma heresia, embora saibamos muito bem de que tipo de integração ou altruísmo se trata e do que eles são na prática.

Assim como notamos o modo pejorativo como os professores se referem aos alunos, também notamos o tom pouco favorável com que

■ A APRENDIZAGEM BASEADA EM PROBLEMAS ■

os pedagogos se referem aos docentes, que por sua vez contribuem para esse círculo vicioso referindo-se aos pedagogos quase com desdém. No entanto, a participação dos pedagogos no programa de medicina da McMaster foi benéfica para todos. Com base em um bom princípio, criou-se um programa de pesquisa em educação médica, que assumiu o papel de facilitar a pesquisa relacionada com questões de impacto da ABP em diferentes aspectos da aprendizagem do aluno – como o impacto de longo prazo em sua prática profissional. Boa parte desses projetos de pesquisa foi desenvolvida por professores que participavam ativamente de atividades de educação, em diferentes funções (orientação acadêmica, consultoria, planejamento ou coordenação), alguns deles iniciados por integrantes do programa de desenvolvimento educacional (PED), que exerciam o papel de pedagogos. Provavelmente por certos descuidos, alguns projetos foram realizados com a certeza de que o curso de medicina era uma fonte aberta para uso irrestrito de todos aqueles que desejassem iniciar projetos de pesquisa. Não se consideravam as pautas que se aplicavam à pesquisa em outros contextos, como em estudos clínicos com pacientes. Foi preciso definir diretrizes específicas para o processo. Vários requisitos deveriam ser cumpridos, como dar aos coordenadores detalhes sobre o projeto proposto e seu mérito científico e responder à seguinte pergunta: "Por que essa pesquisa precisa ser feita?" Outra exigência era a obtenção do consentimento informado (alunos, professores e coordenadores) e a aprovação do Grupo Executivo do Programa de Medicina. É preocupante observar que aspectos éticos considerados inegociáveis em outras áreas de pesquisa não sejam vistos com a mesma preocupação em pesquisas pedagógicas, pelo menos no que se refere às ciências da saúde.

Um dos membros do PED foi Geoffrey Norman, que se doutorou em física nuclear em 1971 e ao longo de sua trajetória se tornou um dos pesquisadores mais reconhecidos da educação médica. A princípio, suas atividades no PED consistiam em analisar os dados que afetavam fundamentalmente a prática profissional. Após um ano na

Michigan State University, tendo concluído a pós-graduação em Psicologia da Educação, Norman passou a exercer um papel determinante tanto em pesquisa como no desenvolvimento de aspectos ligados à ABP, em particular o de avaliação. Suas inúmeras publicações sobre resultados de estudos em educação médica, com ênfase nos fundamentos psicológicos, foram fundamentais para compreender melhor os detalhes do processo ensino-aprendizagem, sobretudo daqueles relacionados com raciocínios clínicos. Embora seu estilo desafiador, muitas vezes irritante, soberbo para muitos, tenha sido às vezes uma barreira à aceitação de suas ideias, foi um bom exemplo do aforismo que serve de lição para vários de nós: não devemos deixar de escutar o que uma pessoa tem a dizer apenas pelo fato de ela ser desagradável. Um temperamento atrevido pode ocultar algo de transcendente que não se deve menosprezar. Sob a coordenação de Norman, o PED foi re-estruturado e passou a se chamar Program for Educational Research and Development, tendo importante papel como membro do Centre for Learning and Discovery na McMaster University.

Notas demais

"Mas quantas são necessárias exatamente?" Essa foi a pergunta feita por Wolfgang Amadeus Mozart ao imperador José II, que, ao ouvir *As bodas de Fígaro*, comentou: "Maravilhosa melodia para os ouvidos, mas acho que tem notas demais". Essa lamentável concepção de que a música é uma série de notas em uma quantidade exata, que não deve ser nem muito grande nem muito pequena, não está distante daquela que se costuma utilizar na elaboração de programas educacionais. O número de horas parece ser o fator que norteia não apenas a estrutura do currículo, mas também o conteúdo, frequentemente determinados por interesses inventados. A importância que atribuímos à nossa área de conhecimento fica clara em asseverações do tipo: "O que eu ensino é baseado em conceitos; o que os outros ensinam são detalhes do conhecimento". Vários cursos consideraram um processo de mudança curricular que começa pela definição das competências (perfil do formando), definição de objetivos de aprendizagem e identificação de atividades de educação e mecanismos de avaliação (dos estudantes, dos docentes e do currículo). Desse processo deveria surgir o número de horas requeridas para o curso. Porém, ainda se nota que em muitos cursos não há planejamento metódico, e que os passos descritos anteriormente se dão por meio de arranjos aparentemente aleatórios.

Um amigo, antigo diretor de uma faculdade de medicina espanhola, declarou publicamente que professores são especialmente propensos a subterfúgios para evitar mudanças, seja no currículo ou em seus métodos de ensino. O estímulo às mudanças curriculares – como as diretivas para a criação de um espaço europeu para a educação superior – gera amiúde um movimento circular que parece não ter uma meta, explícita ou implícita. Sabemos bem o que é a contaminação cruzada entre animais e a espécie humana e precisamos evitar que uma infecção causada pelo parasita *Myxobolus cerebralis*, que leva as trutas arco-íris a se movimentar em círculos, se estenda aos integrantes de certas comissões docentes que já tendem a se comportar como esses peixes quando precisam fazer uma revisão curricular.

As instituições acadêmicas têm de admitir que a maioria dos professores não teve oportunidade de se aperfeiçoar para a função que deve desempenhar, seja ela docente ou administrativa. Uma das primeiras decisões adotadas na McMaster foi desenvolver um programa fechado de capacitação de docentes, que permitiu aos professores se preparar para os novos papéis que lhes seriam exigidos com a implementação da ABP. Esse programa continua em curso com diversas atividades, mas essencialmente com modelos de oficinas participativas. Desde o início, identificou-se também a carência de professores que tomassem a dianteira no campo da educação médica, os quais viriam a ocupar posições-chave no curso. Esse programa, que dura dois anos, possibilita que os candidatos realizem atividades de aprendizagem, teóricas e práticas, fundamentais para as futuras atribuições de um líder, incluindo o desenvolvimento de habilidades de planejamento e gestão. Para alguns de nós, coordenadores de vários programas na McMaster, nosso papel era, fundamentalmente, de educadores. Entretanto, muitas vezes tínhamos de nos contentar com funções administrativas. Escutamos com frequência a queixa de professores a respeito da carga que são as incumbências administrativas, as quais deveriam ser vistas como deveres cívicos que nos cabem como cidadãos de uma comunidade acadêmica. Em alguns casos, as reclamações são justificáveis, mas frequentemente corroboram essa empatia que nos faz solidários com "o sistema", sem admitir que nós *também somos* o sistema. Os melhores planejadores do programa da McMaster foram aqueles que se empenhavam para que as tarefas administrativas fossem mais que simplesmente adequadas. A ansiedade gerada pela incerteza de uma metodologia como a ABP não deve aumentar criando mais incerteza administrativa.

Devido ao número relativamente grande de pessoas que vinham à McMaster para conhecer *in situ* o funcionamento da ABP, foi criada, logo no início, uma oficina para visitantes. Aos participantes era oferecida a oportunidade de vivenciar uma experiência direta com a metodologia usada na McMaster, a única faculdade de medicina que então utilizava a ABP. O grupo de visitantes mais numeroso foi o de professores da futura Faculdade de Medicina de Maastricht. Sob a orientação de Harmen Tiddens (falecido em 2002), visionário em educação médica e firme defensor da aprendizagem autodirigida, planejava-se o uso da ABP em uma nova faculdade de medicina e em outras profissões da área de saúde.

Quo ruitis?

Ovídio põe nos lábios de Júpiter uma pergunta enfurecida: "Aonde vais tão rápido?" E acrescenta: "Acaso algum de vós se crê tão poderoso para dominar inclusive o destino?" É razoável pensar que a mudança deve acontecer paulatinamente. Ou não é? É possível que os acadêmicos cheguem a um acordo quanto à necessidade de mudar. Não obstante, as desculpas usadas por aqueles que reconhecem a importância da mudança são sutis, engenhosas ou demais óbvias para ser críveis, como a desculpa de que o processo está indo muito rápido. Isso impõe aos programas o dilema de optar pela adaptação ou pela cumplicidade.

Perguntar-se qual é o momento oportuno para introduzir mudanças curriculares é tão esquivo quanto perguntar se as asas dos anjos que aparecem nas pinturas místicas seriam suficientemente fortes para suportar seu peso.

Ao considerar a inovação de um currículo ou simplesmente melhorá-lo, sem dúvida é essencial considerar as circunstâncias que afetariam essa mudança, inclusive aquelas atribuídas a fatores particulares do entorno cultural, o qual pode criar barreiras superáveis apenas com uma visão clara da meta que se quer alcançar. Em uma publicação recente, autores catalães, ao mencionar às reflexões e previsões que emergem na Catalunha, dizem que, quando se aproximam as eleições ou quando se propõem dilemas de difícil solução, emerge a doutrina da prudência. Eles afirmam que essa doutrina, que consiste em ser prudente para que ninguém se ofenda, pode ser um sinal de civilização. Porém, chega um momento em que tanta obliquidade cansa, principalmente quando dá tantas voltas que se torna barroca.

O evangelho de Marcos diz que, aos de fora tudo chega por meio de parábolas, para que, por muito que vejam, não percebam, uma vez que poderiam converter-se e ser perdoados. O filósofo José Enrique Rodó (1917) escreveu uma parábola baseada em um poema de Schiller que diz: "As brincadeiras de uma criança muitas vezes escondem um sentido sublime". Em sua parábola, Rodó conta a história de uma criança que brincava no jardim com uma taça de cristal na qual dava batidinhas ritmadas com um junco. A cada batida ela inclinava a cabeça e escutava com prazer as vibrações sonoras que a taça produzia. De repente, a criança trocou de brincadeira: pegou um punhado de areia do chão, encheu a taça com ela e tentou tirar o mesmo som de quando a taça estava vazia. Mas o cristal não respondeu da mesma maneira ao impacto do junco, e o barulho que desprendeu foi o de uma batida surda. Em vez de lamentar-se pelo fracasso, o pequeno artista procurou em volta do jardim e encontrou uma linda flor branca na beira de um canteiro. Pegou-a e a colocou na taça, com o talo enterrado na areia. A criança, orgulhosa de tão bela invenção, ergueu o mais alto que pôde a "flor entronizada" e passeou-a triunfante por entre a multidão de flores.

Como em toda parábola, devemos depreender da narrativa uma verdade ou lição moral. As instituições que pensam em utilizar a ABP certamente encontrarão inúmeras maneiras de inovar, todas elas interessantes e atraentes. Ainda que a inspiração mude, a visão de todas elas é a mesma: "acabar com a tirania do *status quo*". Poderíamos expressá-la em termos quase utópicos se a decisão produzisse virtudes heroicas ou hábitos aprazíveis, ou se em vez de vivermos em um entorno acadêmico brilhante nos contentemos com qualquer outro, próspero e bem confortável.

Para fechar este capítulo, peço que, assumindo as palavras de Teresa de Ávila (1922), aqueles que o lerem tenham paciência, pois "quem tão pouco sabe como eu será obrigado a dizer muitas coisas supérfluas, e até desatinadas, para poder acertar".

Bibliografia

AGUIRRE, Maria Ester. "Enseñar con textos e imágenes. Una de las aportaciones de Juan Amós Comenio". *Revista Electrónica de Investigación Educativa*, vol. 3, n. 1, 2001. Disponível em: <http://redie.ens.uabc.mx/vol3no1/contenidolora.html>.

ÁLVAREZ, Antonio (Frei). *Silva espiritual de varias consideraciones*. Salamanca: Juan Fernández, 1587.

ÁVILA, Teresa de (Santa). *Castillo interior o Las Moradas. Moradas primeras.* Cap. II, 7. Burgos: J. Cardenal Benlloch, 1922.

BARROWS, Howard S.; TAMBLYN, Robyn. *Problem-based learning: an approach to medical education*. Nova York: Springer, 1980.

BRANDA, Luis A.; HAMILTON, John D. *Changes in education of National Health Manpower for the twenty-first century*. Texto WPR/RC37/TD/2 da OMS, Manila, 1987.

BRANDA, L. A.; YIN-WAI, L. *Evaluación de la competencia del tutor*. Bahía Blanca, 2000.

COMÊNIO, Jan Amos. *Didactica Magna*. Madri: Akal, 1986. [Trabalho original publicado em 1657.]

EFPO, trabalho escrito n. 13. *A model for community-Medical School Academic Health Science Centre Communicatikon*. 1992.

FLEXNER, Abraham. "Medical education in the United States and Canada. A report to the Carnegie Foundation". Foundation for the Advancement of Teaching, Updyke, Boston, boletim n. 4, 1910.

FRAENKEL, Gus J. "McMaster revisited". *British Medical Journal*, v. 2, 1978, p.1072-76.

FREIDSON, Eliot. *Professionalism – The third logic*. Oxford: Polity Press. 2001.

FREIRE, Paulo. *Pegagogía del oprimido*. Montevidéu: Tierra Nueva, 1970. [Em português: *Pedagogia do oprimido*. 46. ed. Rio de Janeiro: Paz e Terra, 2007.]

GOLDBERG, Orli. "Innovation and inspiration: insight from dr. John Evans". *McMaster University Journal*, n. 1, 2003, p. 7-9.

HAM, Thomas H. *Processes in education, strategy and tactics: experiences during twenty-five years in the School of Medicine of Case Western Reserve University*. Cleveland: Press of the Case Western Reserve University, 1971.

HAMILTON, John D. "Problem-based learning: from where to where?". *The Clinical Teacher*, v. 2, n. 1, 2005, p. 45-8.

HAMILTON, John D. "The McMaster curriculum: a critique". *British Medical Journal*, n. 1, 1976, p. 1165-1234.

JANIS, Irving L. *Victims of groupthink. A psychological study of foreign-policy decisions and fiascoes*. Boston: Houghton Miflin, 1972.

KJELLGREN, K.; AHLNER, J.; DAHLGREN, L. O.; HAGLUND, L. *Problembaserad Inlärning – erfarenheter från Hälsouniversitetet*. Lund, Studentlitteratur, 1993.

LINZER, Mark *et al*. "Admission, recruitment, and retention: finding and keeping the generalist-oriented student". *Jounal of General Internal Medicine*, n. 9, cad. 1, 1994, p. S14-S23.

MARINKER, Marshall. "Myth, paradox and the hidden curriculum". *Medical Educational*, n.31, 1997, p. 293-8.

NEUFELD, Victor R. *et al*. "Educating future physicians for Ontario". *Academic Medicine*, n. 73, 1998, p. 1133-48.

PAINVIN, Catherine et al. "The 'triple jump' exercise – A structured measure of problem solving and self-directed learning". *Annual Conference Research in Medical Education*, n. 18, 1970, p. 73-7.

RODÓ, José E. *Motivos de Proteo*. Valência: Cervantes, 1917.

SCHACTER, Daniel L. *Los siete pecados de la memoria*. Barcelona: Ariel, 2003.

SPAULDING, William B. *Revitalising medical education. McMaster Medical School. The early years 1965-1974*. Hamilton: B.C. Becker, 1991.

VU, Nu Viet; BARROWS, Howard S. "Use of standardized patients in clinical assessments: recent developments and measurement findings". *Educational Researcher*, n. 23, 1994, p. 23-30.

WOODS, Donald R. *Problem-based learning: how to gain the most from PBL*. Ontário: DR Woods Publishing, 1994.

leia também

AFETIVIDADE NA ESCOLA
ALTERNATIVAS TEÓRICAS E PRÁTICAS
Valéria Amorim Arantes (org.) Marta Kohl de Oliveira, M. Cristina M. Kupfer, Nílson José Machado e outros
Este livro questiona os dualismos estabelecidos no mundo científico e escolar, que separa cognição e afetividade, razão e emoção, assumindo que tais dimensões são indissociáveis no funcionamento psíquico humano. Essa discussão apresenta a contribuição de 13 autores, estudiosos de diferentes campos do conhecimento: educação, psicologia, lingüística, neurologia e matemática.
REF. 10840   ISBN 85-323-0840-6

EDUCAÇÃO E VALORES
PONTOS E CONTRAPONTOS
Valéria A. Arantes (org.), Josep Maria Puig e Ulisses F. Araújo
Qual a origem da moralidade? Como se dão os processos de construção e/ou apropriação de valores? Como formar moralmente os alunos? Podem, escola e educadores, ensinar valores? Os autores desta obra debatem, entre outros assuntos, os processos psicológicos que levam à construção de valores, a influência da afetividade em tais processos, o papel da religião na educação moral e o conceito de inteligência moral.
REF. 10335   ISBN 978-85-323-0335-6

EDUCAÇÃO FORMAL E NÃO FORMAL
PONTOS E CONTRAPONTOS
Valéria A. Arantes (org.), Elie Ganhem e Jaume Trilla
Neste livro, os autores discorrem sobre os diferentes aspectos que contemplam essas duas perspectivas das práticas educativas, analisando seu aspecto histórico, social e político. Os pontos e contrapontos tecidos no diálogo estabelecido por Ghanem e Trilla sinalizam a importância da cooperação e da complementariedade entre a educação formal e a não formal, na busca de uma educação mais justa e mais democrática.
REF. 10501   978-85-323-0501-5

HUMOR E ALEGRIA NA EDUCAÇÃO
Valéria Amorim Arantes (org.)
Se por um lado a vida escolar é composta de obrigações e deveres nem sempre prazerosos, embora necessários, por outro trata-se de um momento pleno de desafios e descobertas. Quase sempre esquecidos, humor e alegria são ingredientes preciosos e essenciais do fazer escolar. Este é o tema desta coletânea, constituída por diferentes autores e abordagens.
REF. 10700   ISBN 85-323-0700-0

IMPRESSO NA
sumago gráfica editorial ltda
rua itauna, 789   vila maria
02111-031   são paulo   sp
tel e fax 11 **2955 5636**
sumago@sumago.com.br